时代印记

王志艳◎编著

林则徐

延边大学出版社

图书在版编目（CIP）数据

寻找林则徐 / 王志艳编著 . —延吉 : 延边大学出
版社，2013.8(2020.7 重印)

　　ISBN 978-7-5634-5907-0

　　Ⅰ . ①寻… Ⅱ . ①王… Ⅲ . ①林则徐（1785 ~ 1850）
—传记—青年读物②林则徐（1785 ~ 1850）—传记—少年
读物 Ⅳ . ① K827=52

　　中国版本图书馆 CIP 数据核字 (2013) 第 209678 号

寻找林则徐

编著：王志艳

责任编辑：李　宁

封面设计：映像视觉

出版发行：延边大学出版社

社址：吉林省延吉市公园路 977 号　邮编：133002

电话：0433-2732435　传真：0433-2732434

网址：http://www.ydcbs.com

印刷：唐山新苑印务有限公司

开本：690×960　1/16

印张：11 印张

字数：100 千字

版次：2013 年 8 月第 1 版

印次：2020 年 7 月第 3 次印刷

书号：ISBN 978-7-5634-5907-0

定价：29.80 元

前言

　　历史发展的每一个时代，都会有对后世产生巨大影响的人物，都会有推动我们前进的力量。这些曾经创造历史、影响时代的英雄，或以其深邃的思想推动了世界文明的进步，或以其叱咤风云的政治生涯影响了历史的进程，或以其在自然科学领域中的巨大成就为人类造福……

　　总之，他们在每个时代都留下了深深的印记，烙上了特定的记号。因为他们，历史的车轮才会不断前进；因为他们，每个时代的内容才会更加精彩。他们，已经成为历史长河的风向标，成为一个时代的闪光点，引领着我们后人走向更加深邃的精神世界和更加精彩的物质世界。

　　今天，当我们站在一个新的纪元回眸过去的时候，我们不能不提起他们的名字，因为是他们改变了我们的世界，改变了人类历史的发展格局。了解他们的生平、经历、思想、智慧，以及他们的人格魅力，也必然会对我们的人生产生深刻的影响。

　　为了能了解并铭记这些为人类历史发展做出过巨大贡献的人物，经过长时间的遴选，我们精选出一些最具影响力、最能代表时代发展与进步的人物，编成这套《时代印记》系列丛书，其宗旨是：期望通过这套青少年乐于、易于接受的传记形式的丛书，对青少年读者的成长产生潜移默化的影响，使他们能够从中吸取到有益的精神元素，立志奋进，为祖国、为人类作出自己的贡献。

前言

　　本套丛书写作角度新颖，它不是简单地堆砌有关名人的材料，而是精选了他们一生当中最富有代表性的事迹与思想贡献，以点带面，折射出他们充满传奇的人生经历和各具特点的鲜明个性，从而帮助我们更加透彻地了解每一位人物的人生经历及当时的历史背景，丰富我们的生活阅历与知识。

　　通过阅读这套丛书，我们可以结识到许多伟大的人物。与这些伟人"交往"，也会进一步提高我们的思想品格与道德修养，并以这些伟人的典范品行来衡量自己的行为，激励自己不断去追求更加理想的目标。

　　此外，书中还穿插了许多与这些著名人物相关的小知识、小故事等。这些内容语言简练，趣味性强，既能活跃版面，又能开阔青少年的阅读视野，同时还可作为青少年读者学习中的课外积累和写作素材。

　　我们相信，阅读本套丛书后，青少年朋友们一定可以更加真切、透彻地了解这些伟大人物在每个时代所留下的深刻印记，并从中汲取丰富的人生经验，立志成才。

导　言

Introduction

　　林则徐（1785—1850），福州人，字元抚，又字少穆、石麟，晚号俟村老人、俟村退叟、七十二峰退叟、瓶泉居士、栎社散人等。清朝后期杰出的政治家、思想家和诗人，更是受世人敬仰的民族英雄。

　　林则徐出生于福州一个落魄的小知识分子之家，其父林宾日多次参加科举，均名落孙山，终其一生也只是个秀才。不过，林宾日的学问极好，品行正直，是封建时代典型的知识分子。林则徐少年时代的文化知识大多源自家传，刚直不阿之性格的形成也与家庭影响有着很大的关系。

　　青年时期的林则徐与父亲年轻时的经历基本相同——娶妻、生子，读书、科举。尤为相似的是，父子俩均才高八斗，学富五车，但在科场上都屡试不第。直到1811年（嘉庆十六年），林则徐才在众多举子中脱颖而出，考中进士，殿试高居第二甲第四名。

　　从此之后，林则徐便踏上了官宦之路，先是入选翰林院庶吉士，后授编修、国史馆协修、撰文官、清秘堂办事、江西乡试副考官、云南乡试正考官、江南道监察御史、杭嘉湖道等职。

　　道光年间，林则徐受到皇帝赏识，外放江南淮海道。从此，他跨入了官场上青云直上的时期。此后，他历任江苏按察使、陕西按察使兼代理布政使、江宁布政使、湖北布政使、河南布政使、东河河道总督等职务。

　　1832年（道光十二年），林则徐调任江苏巡抚，开始进入大清王朝的封疆大吏之列。在江苏任上，他在农业、漕务、水利、救灾、吏治等各方面都做出过成绩，尤其积极提倡新的农耕技术，推广新农具，颇受百姓的爱戴和道光帝的赏识，曾两次署理两江总督。

1837年（道光十七年），林则徐升湖广总督。次年，鸿胪寺卿黄爵滋上疏主张以死罪严惩吸食鸦片者，道光帝令各地督抚各抒己见。林则徐坚决支持黄爵滋的严禁主张，提出六条具体禁烟方案，并率先在湖广实施，成绩卓著。

道光帝大喜，立即命林则徐进京，商议禁烟之策。在短短的几天里，道光帝连续召见他八次，并允许他在紫禁城里走马、乘肩舆。不久，林则徐便受命为钦差大臣，前往广东禁烟，并节制广东水师，查办海口。就这样，林则徐开始了他生命中最为辉煌，也是最为重要的禁烟时期。

在广州，林则徐以雷厉风行之势查鸦片、封烟馆，打击国内外的鸦片贩子，虎门销烟，整顿军务，对抗英国侵略者的挑衅，成绩卓著，为中华民族的生存和发展作出了杰出的贡献。遗憾的是，他很快就受到了以穆彰阿和琦善等人为首的投降派的打击，被道光帝流放伊犁。轰轰烈烈的禁烟运动也以鸦片战争的失败而告终。

林则徐领导的禁烟抗英斗争和探求西方知识的努力都对中国历史产生了极其深远的影响。他在禁烟和抵抗英国侵略者的过程中所表现出来的那种崇高的民族气节和坚忍不拔的斗志，至今仍为所世人津津乐道。

本书从林则徐的幼年时期开始写起，一直追溯到他临危受命，以勇敢坚毅的大无畏精神，查获鸦片，虎门销烟，与洋人展开坚决斗争，坚持维护国家主权和民族利益的传奇一生，旨在让广大青少年了解这位清末杰出政治家、民族英雄坎坷不凡的人生经历，并从中汲取他那种爱国、坚韧、果敢、不畏强暴的赤诚之心，同时也对林则徐所处的历史时代产生更加全面的认识。

目 录

contents

第一章　寒门学子　/1

第二章　科考中第　/8

第三章　入翰林院　/15

第四章　步入仕途　/23

第五章　深获器重　/31

第六章　封疆大吏　/41

第七章　赈灾济困　/49

第八章　力除河弊　/57

第九章　经手夷务　/65

第十章　督办漕务　/73

时代印记　目录

目 录

第十一章　鸦片泛滥　/80

第十二章　禁弛之争　/91

第十三章　临危受命　/101

第十四章　缴烟告捷　/108

第十五章　销烟入海　/115

第十六章　严令具结　/123

第十七章　腹背受敌　/131

第十八章　革职被黜　/140

第十九章　山河含恨　/149

第二十章　远戍边疆　/156

林则徐生平大事年表　/164

第一章　寒门学子

苟利国家生死以，岂因祸福避趋之。

——（清）林则徐

（一）

1681年（清康熙二十年），被誉为千古一帝的清圣祖康熙（1654—1722）平定了三藩之乱，大清帝国随之迈入"康乾盛世"（又称"康雍乾盛世"）时期。康乾盛世是中国古代封建王朝的最后一次盛世，也是古代中国迅速落后于西方的关键历史时期。

史学界一般认为，康乾盛世从1681年开始，到1796年（嘉庆元年）结束，共持续了115年，历经康熙、雍正、乾隆三朝。在此期间，疆域辽阔的大清帝国社会安定，人口迅速增长，经济快速发展，呈现出一派全面繁荣的景象。

然而，在繁荣的背后却也隐藏着深深的危机。从纵向看，"康乾盛世"只是量的增加，并没有实现质的飞跃。中华大地依然停留在自给自足的小农经济时代。与百年，乃至千年之前相比，人们生产、生活方式并没有发生太大的变化。而表面的繁荣又掩盖了各种社会矛盾，使得社会矛盾没有及时宣泄出来，从而导致盛世结束后出现了各种社会矛盾总爆发的局面。

　　从横向看，康乾盛世时期的中国政治、经济、文化、科技等方面已经明显落后于西方。18世纪60年代，英国爆发了第一次工业革命，蒸汽机被作为动力机械广泛应用于生产领域，不但极大地提高了劳动生产率，还把大量的劳动力从繁重的手工劳动中解放出来。

　　这场发生于英国技术领域的工业革命迅速向欧洲其他国家和其他领域扩展。在随后的几十年里，欧洲的政治、经济、文化、科技等，无不实现了跨越式的发展。中国与英国、法国、荷兰、西班牙、葡萄牙等资本主义国家的差距也越拉越大。这也是近代中国出现"百年屈辱史"的主要原因。

　　不过，当时的中国人还不可能认识到这一点。更何况，"百足之虫死而不僵"，庞大的大清帝国虽然在政治、经济、文化、科技等方面都已落后，但其经济总量依然远远比英、法等国高得多，在对外贸易中依然处于出超地位。

　　到乾隆年间，康乾盛世发展到了鼎盛时期。国库里存的银子堆积如山，竟然影响了正常的货币流通。对于乾隆皇帝来说，如何花钱竟然成了头等大事。被誉为"万园之园"的皇家园林圆明园，就是在这种背景之下建立起来的。

　　天下太平不但是统治集团的幸事，也是百姓的幸事。素来讲究"治世出仕，浊世归隐"的读书人也怀着"修身、齐家、治国、平天下"的终极理想，无不削尖了脑袋往官场里钻。福州城内的左营司巷中住着一个叫林宾日的廪生，与当时的读书人一样，时时想着金榜题名，求个好前程。

　　林家是福州城中小有名气的"书香世家"。从林宾日算起，往上数四代，皆是读书人。遗憾的是，从曾祖父到父亲林正澄，谁也没能在科场上博取功名。父亲林正澄奔波一世，到死也只不过是一个廪生。

　　何谓廪生？明清时期，廪生是"廪膳生员"的简称，也就是由政府供给膳食的生员。不过，要想获得廪生的资格也不容易，必须在童子试中名列一等，也就是秀才当中的成绩最佳者。

林正澄虽有县府供给膳食，无奈家中人口众多，收入又少，生活一天比一天拮据。1775年（乾隆四十年），林正澄黯然辞世。此时，林家已经贫无立锥之地，而且还欠下了"利息重积"的高利贷。

（二）

林正澄去世时，林宾日已经27岁，尚未成家。直到1777年（乾隆四十年），他才靠在外设馆教书的微薄收入建立了自己的小家庭。妻子陈帙比他小10岁，是闽中宿儒陈圣灵之女，不但吃苦耐劳，而且知书达理。

婚后，林宾日一边设馆教书，赚取家用；一边继续苦读经书，希望通过科举考试搏个一官半职。1778年（乾隆四十一年），30岁的林宾日在县试中高中榜首，考取秀才。第二年，他又顺利通过岁试，补为廪生。一时间，林宾日成了福州百姓茶余饭后谈论的话题，颇负盛名。

与此同时，林宾日的经济状况也有所好转，终于在左营司巷典下一间小屋，定居下来。林宾日似乎看到了生活的希望，顿时精神振奋，更加用功读书了。他白天设馆教书，晚上就在如豆的油灯下苦读，常常终日不寐。

然而，由于长期在昏暗的油灯下读书，林宾日患上了严重的眼疾。1780年（乾隆四十五年），他参加乡试，前两场考得都很顺利，志在必得。但到了第三场时，林宾日眼疾突发，看不清东西，最后只好放弃了这次考试，未能考中举人。这一年，林宾日已经32岁。

俗话说，"福无双至，祸不单行"。林宾日在科场上郁郁不得志，生活也颇为不顺。结婚之后，他和妻子陈帙先后育有几个女儿，只生了一个儿子，取名鸣鹤。不幸的是，这唯一的儿子也早早夭折了。

儒家素来重视后嗣，《孟子·娄离上》有云："不孝有三，无后为大。"这里所说的"无后"并不是指没有后嗣，而是指没有儿子。在重男轻女的封建社会，女性的地位十分低下，从来不被视为传后人。

林宾日在科场上受绊之后，渐渐打消了出仕为官的念头。不过，想要儿子的念头却从未在他的脑海中消失。一晃几年过去了，他的这个愿望始终没有实现。一直到1784年（乾隆四十九年）冬，陈帙再次怀孕，林宾日胸中也又一次燃起了希望。

时光荏苒，岁月如梭，陈帙怀胎十月，眼看就要瓜熟蒂落了。林宾日不敢掉以轻心，除了设馆教书之外，几乎把所有的时间都用来照顾妻子。

1785年8月30日（乾隆五十年七月二十六），林宾日往床上一躺，便昏昏沉沉地睡着了。在梦中，他不知不觉地来到一处风景秀丽之所。那里真是太美了，还有许多凤凰翩翩起舞。林宾日感到非常舒心，竟然忘了时间。

走着走着，他隐隐听到一阵痛苦的呻吟声。他侧耳倾听，喃喃说道：

"这声音是从哪里来的？怎么这么真切呢？"

突然，林宾日惊醒了。他"忽"地从床上坐起来，大呼道：

"不好，想是夫人要生了。"

林宾日跑到卧房一看，果然发现妻子陈帙即将临盆，便忙冲出门去请产婆。

产婆颤巍巍地进入卧房，帮助陈帙接生去了。林宾日则留在房外，不停地踱来踱去，口中念念有词：

"大慈大悲的观世音菩萨，保佑我林家添一个男丁吧！"

话音刚落，就听产婆在里面高声喊道：

"恭喜林先生，贺喜林先生，是个大胖小子。"

林宾日马上想到他刚刚做的梦，又联想到有"天上石雕麟"称誉的南朝才子徐陵，希望儿子能像徐陵一样有出息，便给孩子取名则徐。

这个婴儿，就是日后力主禁烟的民族英雄林则徐。

关于林则徐之名的来历，还有另外一种传说。据说，林则徐出生时，新任福建巡抚徐嗣曾刚好从林家门前鸣锣打轿而过。林宾日希望儿子将来能够像徐嗣曾一样，成为高官显贵，遂为其取名则徐。

这些说法颇为神秘，具有浓厚的封建色彩，应是后世为了渲染林则徐的与众不同而捏造出来的。不过，希望儿子能在官场上飞黄腾达倒是符合林宾日的愿望的。他自己高中已经无望，只能将所有的希望都寄托在儿子林则徐身上。

（三）

林则徐出生后的几年中，林宾日夫妇又陆续生了几个女儿，加上林则徐的几个姐姐，共8个女儿。沉重的家庭负担压得林宾日喘不过气来。他设馆教书的收入十分微薄，只够分期顶还父亲积欠的债务。县府每月倒是会发给他一些廪生的津贴，但那点钱根本不足以养活一大家人。

为了补贴家用，妻子陈帙就领着几个大些的女儿替人剪札象生花。所谓象生花，就是用各种颜色的纸做的装饰品，大者成树，小者成花，一茎一叶皆栩栩如生。据林则徐的《先妣事略》所载，剪札象生花"岁可易钱数十缗"。

缗是古代穿铜钱用的绳子，每一串称为一缗或一贯，一般为1000文。乾隆后期，社会经济已不像前期那样景气，通货膨胀比较严重，钱贱银贵。按照当时铜钱与白银之间兑换率，1500文钱大致可以兑到一两银子。

也就是说，林家有十几口人，每年的收入只有几十两银子。就算再加上林宾日廪生的津贴（具体数额无法考证，应该不会太多），恐怕也不会超过100两银子。

当时，每人每月至少一两银子才能维持最低的生活开销。林家共有11口人，每月开销应该不下10两。由此看来，林家虽是书香门第，生活却十分艰苦。难怪林则徐后来在《先妣事略》中记述当时的生活状况说：

"半饥半寒，迁就度日。"

面对沉重的家庭负担，林宾日忧心不已。他不怕生活清贫，但却怕看不到生活的希望。在漫长的封建社会里，像林宾日这样的下层知识分子只有两条出路：其一，"学而优则仕"，通过科举考试跻身官场；其二，给地方官当幕僚或设馆教书，过着"半饥半寒"的生活，甚至沦落到社会最底层，成为普通的体力劳动者。

不言而喻，林宾日希望能走上前一条道路。1788年（乾隆五十三年），林宾日再次参加乡试，再次因目疾未能考完全场而名落孙山。林宾日绝望极了，不禁仰天长叹：

"天不助我啊，天不助我！难道我林家在科场上就要止步廪生了吗？"

林宾日闷闷不乐地回到家中，看到刚满4岁的儿子林则徐，胸中又燃起了希望。他自己是不可能再金榜题名了，但他还有儿子林则徐。就这样，林则徐刚满4岁，父亲就为他设计好了一条"学而优则仕"的道路。

林宾日落第后，到左邻的罗氏私塾担任塾师。每次上课，他都会把林则徐抱在膝上，亲自教他读书。日复一日，年复一年，林则徐在父亲的耳提面命下受益匪浅。到7岁时，他已经能够写一些小短文了。一时间，林则徐在福州城中名声大噪，成了远近闻名的"神童"。

有一次，林则徐在街上玩。几个秀才从旁经过，其中一人指着林则徐对众人说：

"快看，那个孩子就是林则徐。"

另外一个秀才笑道：

"都说林则徐是个神童，到底是真是假？我们不妨试他一试。"

众秀才纷纷答道：

"如此甚好，待我们试他一试。"

于是，一人走上前对林则徐说：

"林则徐，我出一个对子，你能对出来吗？"

林则徐抬头望了望那人，回答说：

"我试试吧！"

那人看到不远处的池塘里有几只鸭子在戏水，就缓缓说道：

"鸭母无鞋空洗脚。"

林则徐回头一看，正好看到一只公鸡正昂首阔步地在旁边走着，就脱口对道：

"鸡公有髻不梳头。"

众人见状，莫不惊叹道：

"果然是神童，果然是神童！"

又有一次，林宾日领着几个学生到福州的鼓山绝顶峰游玩。望着鼓山绝顶和远处的大海，林宾日一时兴起，出"山""海"二字，叫学生各做一对七言联句。

众学生你看看我，我看看你，都搜肠刮肚地想联句。林则徐则缓缓上前，对父亲说：

"父亲，孩儿已经想好了。"

林宾日笑道：

"不妨念出来让为父听听。"

林则徐吟道：

"海到无边天作岸，山登绝顶我为峰。"

林宾日一听，大喜道：

"好句子，好句子！我儿果然才思机敏！"

第二章　科考中第

海纳百川，有容乃大；壁立千仞，无欲则刚。

——（清）林则徐

（一）

1796年2月（乾隆六十年年末），乾隆皇帝让位给第十五子颙琰，自居太上皇。清仁宗颙琰昭告天下，改元嘉庆。这一年，历史上著名的川（四川，包括今重庆）、陕（陕西）、楚（湖北）白莲教起义爆发了，康乾盛世就此结束。

川陕楚白莲教起义规模浩大，影响范围远远不止四川、陕西、湖北等省，与三省相邻的湖南、安徽、甘肃等地的反清武装斗争也相当激烈，只不过影响力相对较小而已。清廷上下惶恐不已，急忙从陕西、广西、山东、直隶（今河北省）、山西等16个省调集兵力，前往镇压。农民军奋勇反抗，和官军周旋了9年之久。

这次农民起义虽然最后被清政府镇压下去，但却极大地挫伤了官军和清廷的实力。据有关史料记载，农民军攻破或占据的州县达204个，斩首官军提镇等一、二品大员20余名，毙副将以下将卒400余名。清廷在镇压过程中所损耗的军费达白银两亿两，相当于政府4年的财政收入。

而普通百姓受损最为严重。起义爆发前，全国总人口约为3.9亿。起义失败后，人口骤降至2.7亿。除去正常的人口增长率不算，这场长达9年的战争竟然让1.2亿人死于非命。无论是对百姓而言，还是对清廷来说，这1.2亿人口都是个不能承受的重负。自此之后，清廷元气大伤，逐渐走向衰落。

福州地处东南沿海，并没有直接受到这次战争的影响。年少的林则徐也是从朝廷的公告中才知道这场战争的存在。

这一年还发生了另外一件大事，刚刚登基的嘉庆帝宣诏：停收鸦片税，禁止鸦片输入。

鸦片亦称"阿片"，俗称大烟、大土，是用罂粟汁液熬制而成的一种膏状物。罂粟原产于地中海东部山区、小亚细亚、埃及、伊朗、土耳其等地，后来经阿拉伯逐渐传入印度、中国等地。

罂粟是制取鸦片的主要原料，同时其提取物也是多种镇静剂的来源。它的提取物具有提神、止泻、镇痛、辟瘴等医疗效用。据史料记载，约公元7世纪时（另一种说法为公元2世纪），鸦片作为药材由阿拉伯少量输入中国。

但鸦片中也含有大量使人麻醉的毒素，是一种名副其实的毒品。一经吸食，人很容易上瘾，且难以戒绝，一天不吸便会浑身瘫软，涕泪横流。久而久之，人就会精神萎靡，丧失劳动力，直到死亡。

明朝后期，中国在科技上逐渐落后于西方。葡萄牙、荷兰等老牌资本主义国家遂以澳门为据点，开始向中国内地输入鸦片。

当时，鸦片一般仅作药用，并不吸食。传说早期吸食鸦片之法，系用烟管拌和烟草抽吸。明代末年，荷兰殖民者把这方法从爪哇（今属印度尼西亚）传入台湾，又从台湾传入漳州、泉州、厦门等地。到了清朝初年，吸食鸦片的方法已在中华大地上传开了，且花样越来越多，直至单独吸食。

18世纪20年代，英国加入了罪恶的鸦片贸易，开始向中国输入鸦片。最初，英国每年运到中国的鸦片只有200箱（每箱60千克）。不过，这200箱鸦片就已经让英国人尝到了甜头。此时，英国等欧洲国家正对生丝、茶叶等产品需求旺盛，清政府在对外贸易中始终处于出超地位。单就与英国的贸易而言，中国每年的贸易顺差都保持在200—300万两白银之间。

在鸦片贸易中尝到甜头的英国人，立即扩大对华鸦片输入的规模，企图扭转贸易逆差。他们先把工业产品输往其在东方的殖民地印度，然后把在印度种植的鸦片输往中国，再从中国把茶叶、生丝等输往英国。在这种三角贸易中，英国人大获其利。

清政府的一些官员也趁机勾结具有黑社会性质的民间组织，甚至动用军队，将英国输入中国沿海的鸦片运回内陆，开设烟馆，毒害百姓，并从中牟利。由于鸦片极易上瘾，而且难以戒掉，吸食的人数迅速增加。一时间，烟馆在中国遍地都是。

（二）

鉴于鸦片大量输入中国，给中国社会造成的严重危害，清政府多次颁令禁烟。早在1729年（雍正七年），雍正皇帝就颁布了第一道禁烟诏令，规定对贩运鸦片烟者，"枷号一月，发近边充军"，对私开鸦片烟馆者"拟绞监候"。

当时，葡萄牙、荷兰、英国等国家每年向中国输入的鸦片不过几百箱，鸦片之祸如同涓涓细流，如认真堵塞，还不至于溃决难治。然而，雍正皇帝的这次禁令却留下了很大的漏洞。他规定，鸦片可以按药材纳税进口，并通过公行公开的方式销售。这就给罪恶的鸦片贩子打开了方便之门。

到了乾隆时期，英国等西方国家向中国输入的鸦片不但没有减少，反而越来越多。18世纪中叶，英国占领了印度鸦片主要产地孟加拉后，年输华鸦片激增到1000箱。

1773年（乾隆三十八年），英属东印度公司正式确定了鸦片贸易政策，并取得了鸦片专卖权。时任印度总督的英国人哈斯丁斯曾这样阐述其鸦片贸易的原则：

"鸦片不是生活必需品，而是一种有害的奢侈品，除仅仅为对外贸易的目的外，它是不被容许的。明智的政府应该严格限制鸦片的国内消耗。"

由此可见，英国一方面知道鸦片有害，必须严格限制它的消耗，另一方面为了"对方贸易"，包括对华贸易，又积极鼓励外销，去毒害其他国家的百姓。这种罪恶的贸易原则是历任印度总督对待鸦片贸易基本态度，甚至持续了近百年的时间。

乾隆皇帝见鸦片之害有泛滥之势，多次下令禁绝鸦片。然而，由于官匪、官商相互勾结，一条完整的鸦片利益链已经形成；再加上朝廷禁烟的决心并不坚定，乾隆皇帝的禁烟令并没有收到多大的效果。

嘉庆皇帝在登基之前，就已对鸦片之毒有所了解。因此，他在登基后不久就颁布了禁烟令，昭告天下：停收鸦片税，禁止鸦片输入。不过，停收鸦片税仅仅阻断了鸦片流入中国的公开渠道，对官匪、官商勾结的走私渠道却无可奈何。此后，中华民族受鸦片之毒害日益深重。

就在这一年，林宾日进入位于屏山之麓的文笔书院执教。12岁的林则徐也跟着父亲，来到了文笔书院读书。有的资料说，林则徐在这一年的"岁试中佾生"。但这种说法不大可靠。因为岁试又称岁考，是学政对所属府、州、县生员、廪生的考核。岁考每年一次，凡府、州、县的生员、增生、廪生皆须应考，以便分别优劣，酌定赏罚。当时，林则徐并非府县生员，根本没有参加岁考的必要。

再则，佾生并不指岁试中试者，而是指朝廷或文庙举行庆祀活动时充任乐舞的童生，又称"乐舞生"。

由此可见，林则徐在"岁试中佾生"应是讹传。事实情况的应是：

他在岁试前举行的文庙祭祀活动中被选为佾生，参与祭祀活动。无论如何，这对林家来说都是一种莫大的荣誉。

这一年，林家还迎来了另一件喜事——林则徐的弟弟霈霖降生了。不过，林霈霖的降生也更加增添了林宾日的负担。此后一段时间里，林家的生活更加艰难。据说，林家每到除夕之夜，才能十分难得地吃上一餐素炒豆腐。也只有在这天晚上，挂在壁上的油灯才有两根灯芯。

1797年（嘉庆二年），林则徐应郡试，经钱学彬面试激赏，擢为第一。福州民间传说，在这次郡试中，林则徐和一位老童生的成绩最优，难分上下，考官只好面试才学，出对曰：

"童子何知"。

林则徐首先对道：

"大人利见。"

老童生一时应对不上，只好叹服地说：

"老夫耄矣！"

就这样，林则徐被拔擢冠军，一时成为福州百姓茶余饭后谈论的对象。

1798年（嘉庆三年），14岁的林则徐参加科举考试，中秀才。现在可以看到的林则徐最早的文章，便是此次应试之作《仁亲以为宝》。这是一篇华丽的八股文，其中有"表里山河，天下有失而复得之国；墓门拱木，自古无死而复生之亲"之句，被时人广为传诵。

（三）

14岁就中了秀才，这在封建社会并不多见。一般情况下，读书人要到20岁左右才能考中秀才，就是30岁、40岁才考中秀才的也不罕见。林宾日就是在30岁上才中的秀才。一时间，林则徐声名鹊起，成了福州人心中的骄傲。

福州朱紫坊名儒、前河南永城知县郑大谟亲自前往左营司巷，拜访林宾日父子，并把长女郑淑卿许配给林则徐。

郑淑卿出生于1789年（乾隆五十四年），比林则徐小4岁，与林则徐订婚时年仅10岁。以今天的观点来看，给一个十来岁的孩子订婚简直不可思议。不过，这在当时却是再正常不过的事了。

中秀才后不久，林则徐考入鳌峰书院。鳌峰书院始建于1707年（康熙四十六年），为时任福建巡抚张伯行所建，是当时福建一省的最高学府。每年二月初旬，书院会悬牌出示招考，以招纳全省九府一州品学兼优的生员（秀才）、监生和童生。生员、监生试大题，童生试小题，都是八股文一篇，五言六韵试帖诗一首。获选的按期参加月课，每月两次，初六日为师课，十六日为官课。

考卷评定后，生、监超等取60名为内课，每月每名发给膏火银一两四钱；特等取60名为外课，每月每名发给膏火银一两；一等取80名为附课，不发膏火银。童生仅取正课30名，每月每名发给膏火银六钱；附课80名，不给膏火钱。"膏火"就是"灯火"，这膏火钱也就是夜间读书耗费的灯油钱。除此之外，书院还为学生提供三餐和住宿，每年提供冬夏衣物各一套。

林则徐在鳌峰书院求学7年，直到中举为止。当时，主持书院的山长（即书院院长，相当于今天的校长）是郑光策。郑光策原名天策，字宪光，一字琼河，号苏年，乾隆四十五年（1780年）进士，是一名典型的"有心用世"的封建士大夫。

主持鳌峰书院时，郑光策讲求"明礼达用之学"，鼓励学生立定志向，有目的地读书，所以书院的课程不但有制义诗赋，还包含经世之学，即"一课制举艺，一课古文论志，考辨诸体，期学者力经史之学"。

在郑光策的引导下，林则徐开始钻研传统文化知识，接触到了各种经史典籍，眼界大为开拓。毫不夸张地说，他日后之所以能够成为一名正直、清廉的封疆大吏，与郑光策的教导不无关系。

从林则徐早年的一本读书札记《云左山房杂录》来看，他当时研读的范围十分广泛，所看的书既有《论语》《诗经》《礼记》《春秋》等儒家经典，以及朱熹、陆九渊、王阳明等大儒之作，也有《老子》《韩非子》《庄子》等诸子百家之言，更有《史记》《汉书》等史籍。至于历代诗文集、笔记、佛经、医书、书法碑帖等，则更是蔚为大观。

林则徐读书有一个习惯，即一边看一边写札记。因此，他的札记潦草紊乱，不成系统，有时仅仅是书中的一些警句、某段故事或作者的简介。但正因为读书颇杂，林则徐不但对一些文史典故十分熟悉，对一些著名历史人物，如诸葛亮、李白、杜甫、白居易、柳宗元、李纲、岳飞、文天祥等人的生平事迹也了然于胸。

在众多历史人物中，他文宗白居易，武崇李纲。

白居易是唐朝著名的诗人，诗风平实，以反映民间疾苦著称。林则徐非常欣赏他的诗风，曾用心模仿。后来，有人说他"诗宗白傅"（即以白居易为师之意）。这个评价未必恰当，但足以说明白居易对林则徐的影响。这也从侧面反映了林则徐这个出身下层知识分子之家的青年已经开始关注民间疾苦。

李纲是两宋之际著名的抗金英雄，福建邵武人，祠墓均在福州。林则徐非常佩服李纲的爱国情怀，曾多次和朋友一道前往越王山麓的李纲祠凭吊，赋诗抒发爱国的情怀。后来，他还和朋友们一起募资修葺了李纲的墓地。

除了用功读书之外，林则徐在读书期间还交了许多朋友，其中包括陈寿祺、梁章钜、杨庆琛、廖鸿荃、沈廷槐等人。这些都是有志于学之士，年龄均比林则徐大。林则徐和他们保持着亦师亦友的关系，不但从他们身上学到了许多做人的道理，也在无形中提高了自己学识水平。

第三章　入翰林院

海到无边天作岸，山登绝顶我为峰。

——（清）林则徐

（一）

在中国人的传统观念中，男人一生有两个重要的时刻，即"洞房花烛夜"和"金榜题名时"。这种双喜临门的好事都被林则徐赶上了。

1804年（嘉庆九年）秋，林则徐参加福建省乡试，高中第二十九名举人。这一年，他年仅20岁。

按照惯例，官府应于放榜次日宴请新科举人和内外帘官等人。饮宴前，必须先奏响《鹿鸣》之曲，随后朗读《鹿鸣》之歌以活跃气氛。《鹿鸣》原出自《诗经·小雅》中的一首乐歌，共三章，每章开头分别为"呦呦鹿鸣，食野之苹""呦呦鹿鸣，食野之蒿"和"呦呦鹿鸣，食野之芩"。

这几句诗的意思大致是：鹿发现了美食不忘伙伴，发出"呦呦"之声招呼同伴一块进食。古人认为此举为美德，于是上行下效，天子宴群臣，地方官宴请同僚、当地举人和地方豪绅，用来收买人心。这种宴会也因此得了一个雅称——鹿鸣宴。

在举行鹿鸣宴的那天，林家上下一片欢腾，郑家也忙得不可开

15

交。他们忙里忙外，除了庆祝林则徐中举之外，还有另外一个重要的原因——林则徐要在这一天迎娶郑淑卿过门。两家人之所以选择在此时给林则徐和郑淑卿完婚，无疑是为了迎合"洞房花烛夜，金榜题名时"这个吉兆。

婚后，林则徐与妻子郑淑卿相敬如宾，过得很幸福。也就是从这个时候起，林则徐走出了书房，开始参与社会活动。

1805年（嘉庆十年），林则徐束装前往北京参加会试。会试是中国古代科举制度中的中央考试。应考者为各省的举人及国子监监生，录取者称为"贡士"，又称"中式进士"，第一名称为"会元"。会试揭榜后，中式进士须于下月应殿试。

这是林则徐第一次离开家庭和故乡。北上的路上，他借机游历了祖国的名山大川，还到各地寻访民情风俗，第一次接触了现实社会。正所谓"读万卷书不如行万里路"，数月的游历极大地开阔了他的眼界。

遗憾的是，林则徐没能在会试中崭露头角。名落孙山的他在福建前学政恩普家暂住一段时间后，便返回福州。由于家境不佳，林则徐只好和当年的父亲一样，当起了私塾先生。但设馆教书的收入有限，根本不足以养活一家老小。

大约在1806年（嘉庆十一年）秋，林则徐接受好友厦门海防同知房永清的邀请，前往厦门担任书记官。书记官并不是朝廷任命的官员，而是政府官员聘任的幕僚，相当于今天的私人秘书。就这样，林则徐暂时告别科场，走上了一条全新的生活道路。

厦门在明朝时期就已成为东南沿海的重要对外贸易港口。到清朝初年，此地又成为国内航运和台运的中心。商船北至宁波、上海、天津、锦州，南至粤东，对渡台湾，一年往来数次；外至吕宋（今菲律宾）、苏禄（今菲律宾苏禄群岛）、噶喇巴（今印度尼西亚雅加达），冬去夏回，一年一次。

1757年（乾隆二十二年），乾隆皇帝开始实施有限制的对外贸易政策，对外贸易仅限广州一口岸，并规定由"洋商"独占进出口贸易的特权，同时也监督、约束外商及其船舶水手的活动。此后，厦门对外贸易的地位有所衰落，但与东南亚各地的实际贸易并没有断绝。到嘉庆年间，此地仍是"洋船丛集，商贾殷阗，仙山楼阁，甲于南天"。

如此富庶繁华之地难免鱼龙混杂，其中尤以鸦片走私为害甚重。嘉庆初年，英属东印度公司就将大量的鸦片走私到广州，又通过贿赂中国的贪官、勾结黑恶势力等手段，将其从广州运往沿海各地，进行兜售。在短短的几年之中，鸦片便在东南沿海泛滥开来，贩、售、吸者日众。

1800年（嘉庆五年），嘉庆帝再次颁布禁烟令，并严禁国内种植罂粟。然而，这次禁烟依然没有收到任何效果。英国鸦片贩子用重贿收买中国官吏，他们互相利用，暗中合作，禁烟令再次成为一张废纸。

到林则徐来到厦门任书记官的这一年，英国对华走私的鸦片已经达到了4306箱。鸦片走私的毒流已暗暗从广东扩大到福建沿海一带，其中尤以厦门受害最深。鸦片贩子走私到厦门的鸦片数量虽然不算太多，但其值已经突破白银百万，不少文武员弁、士子兵丁等，也都有嗜鸦片的癖好。

（二）

厦门海防同知为清廷正五品官员，职权范围很广，主要负责管理海口商贩、洋船出入收税，台运米粮，监放兵饷等。林则徐担任海防同知书记，不可避免地会接触到鸦片流毒问题。多年后，他到广州禁烟时，曾理直气壮地警告外国鸦片贩子们说：

"本大臣家居闽海，于外夷一切伎俩，早皆深悉其详。"

林则徐的这句话有夸张的成分在内，但不这样就无法震慑住外国的鸦片贩子。不过，从这句话中也可以看出，林则徐在担任海防同知书记时的确已经注意到了外国鸦片贩子的种种伎俩。

由于林则徐写得一手好字，才思敏捷，办事又极其认真，深受房永清的器重。不久，他在福建官场上的名声就传开了。

不过，由于厦门距离福州较远，林则徐对这份工作并不满意。不久，他就央求房永清，将其介绍到离家较近的长乐县县衙担任幕僚。在担任县衙幕僚期间，林则徐工作同样非常认真，深得知县大人的赞赏。

1807年（嘉庆十二年）春节，张师诚就任福建巡抚。按照惯例，各地属僚必须呈递贺信。据说，张师诚在众多书信中发现长乐县呈上的贺信字迹端严工整，书法也颇具功力，而且从头到尾一丝不苟，不禁大为赞赏。

张师诚立即召唤幕僚，吩咐道：

"快去查查，看看长乐县的贺信出自何人之手。"

第二天，幕僚来到巡抚衙门，向张师诚汇报说：

"启禀大人，卑职已经查明，长乐县的贺信出自林则徐之手。"

张师诚问道：

"林则徐是何人？"

幕僚回道：

"林则徐字元抚，又字少穆、石麟，福州侯官人士，甲子科（嘉庆九年）举人。"

张师诚点了点头，提笔写了一封公文，令幕僚火速送往长乐县县衙。长乐县知县收到公文，打开一看，只见上面写着：

"火速将林则徐押到巡抚府衙。"

知县大吃一惊，心下寻思道：

"少穆为人忠厚，定然不会牵涉什么违法之事，为何要押往巡抚府衙呢？"

恰巧，林则徐来县衙汇报公事。知县便把公文递给他，缓缓问道：

"少穆，你看此事怎么办？"

林则徐沉思半晌，回答说：

"我林则徐行得正坐得端，怕什么呢？我明日便前往福州，到巡抚衙门走一趟。"

知县掏出20两银子递给林则徐，劝说道：

"不可。本官自然相信少穆不会干那些违法的勾当，但巡抚初来乍到，并不了解你的为人，万一弄出个冤假错案就不好了。我看，你还是远走高飞为妙。"

林则徐行事素来光明磊落，自觉心底无私，也不愿连累知县。他把银子还给知县，说：

"是福不是祸，是祸躲不过！则徐相信巡抚大人定然不会冤枉好人。"

第二天，林则徐便在衙役的"看押"下来到巡抚衙门。在公堂上，林则徐坦然自若，令巡抚张师诚好不欢喜。等问明长乐县的贺信果然出自林则徐之手时，张师诚哈哈大笑道：

"本官早闻林先生之贤，特设虚文，一试你的胆识。如今看来，先生果是有胆有识之人！"

林则徐这才明白，巡抚大人把他押解到巡抚衙门原来是为了试探的胆识。张师诚和林则徐一见如故，越聊越投机，大有相见恨晚之意。不久，林则徐便在张师诚的强烈要求下，来到巡抚衙门充任幕僚。

充任张师诚的幕僚是林则徐融入上层社会，改变人生道路的一次重要契机。从经济上来讲，他每年的修金有200余两，大大改善了家庭的窘境。第一年，他就还清了祖父林正澄所欠之债，还买断了父亲典来的左营司小屋。他的父亲林宾日也因得到张师诚的推荐，出任正学书院山长，年得修金200两。

更为重要的是，张师诚将林则徐当成弟子看待，有意加以栽培。在充任张师诚幕僚的几年中，林则徐不但在学问上大有长进，还学习了许多从政的本领。后来，他自己也说：

"（跟着张师诚）尽识先朝掌故及兵刑诸大政，益以经世自励"。

19

（三）

1808年（嘉庆十三年）冬，林则徐离开福州，北上参加己巳（嘉庆十四年，1809年，己巳年）科会试。在这次科考中，林则徐的闱卷虽然受到房师陈希祖的呈荐，但并没有被取中。

林则徐有些沮丧，会试结果刚刚公布就匆匆离开了京城。同年夏，他回到福州，再入张师诚幕府。恰巧，闽浙总督阿林保在此时赴京述职，张师诚署理（即代理）闽浙总督。当时，闽浙一带海患较为严重，以蔡牵等人为首的反清武装横行海上，令清廷头疼不已。张世诚多次派兵围剿，始终未能平息海患。

署理闽浙总督后，张师诚立即调集闽浙两省水师围剿蔡牵、张保仔、朱渥等武装集团。1809年（嘉庆十四年）7月，张师诚督师在广东南澳（今广东省南澳县）海面击溃张保仔所部。蔡牵失去后援，从此一蹶不振，从闽浙交界海面转棹退往广东南澳。

张师诚立即下令闽浙两省水师联舻南下，跟踪追剿。随后，他亲临厦门，指挥大军作战。作为张师诚最得力的幕僚之一，林则徐也来到厦门。据林则徐的朋友梁章钜回忆，张师诚平定海患期间，与各方的往来公文全部出自林则徐之手。

大战持续了数月，到年底方才结束。蔡牵在南澳海面被闽浙水师合力击溃，举炮自裂，沉于大海。朱渥、张保仔等头领则率部投降了清廷。自此，东南沿海的海上反清势力遂告完全失败。

现在已经无法考证林则徐公文在这场战争中究竟起到了多大的作用，不过，从张师诚的回忆来看，林则徐功不可没。张师诚说：

"是役也，僚属睹余督剿之劳，佥谓非余先得贼踪，飞檄催战，未必能如斯神速！"

张师诚这句话的大致意思是：在这场战争中，部下们看到我督战剿贼辛苦，都说如果不是事先探知贼人的踪迹，速速传达檄文催促将士作战，未必能够这么快就取得胜利。

这"飞檄催战"之功大多属于林则徐。正因为如此，张师诚越来越器重林则徐，并鼓励他用功读书，准备第三次赴京参加会试。1810年（嘉庆十五年）初冬，张师诚赴京觐见，特地为林则徐备好盘缠，带他一同北上。

1811年（嘉庆十六年）春，林则徐参加会试，榜列第七十四名，复试一等，殿试二甲第四名，朝考第五名，赐进士出身。发榜后，林则徐入翰林院庶常馆充任庶吉士，被"派习国书"。大清帝国是满族建立的，满文被定为"国书"，即官方语言。因此在当时，汉族官僚被派习国书是一种莫大的荣誉。

庶吉士的品秩不高，但前途不可限量。清朝初年，朝廷设立庶常馆，隶属内弘文院，是新科进士进修之所。但并非每名进士都有资格进入庶常馆学习的，只有名列前茅或皇帝认为有潜质者，才会被授予庶吉士的身份，进入庶常馆学习，然后再良才授予官职。在馆学习期间，庶吉士每人每月给廪饩银四两五钱，到户部领取，其他器用什物则到工部支取。

按照规定，庶吉士应当在馆学习三年，主要课程为满文、经史、词、诗等。期满，由庶常馆教习奏请皇帝"御试"，确定官职和品秩，称"三年散馆"。通常，成绩优异者会被留下来，授职为编修、检讨等职，正式成为翰林；其他人则被派往六部任主事、御史；也有少数被派到各地任地方官的。

明代中后期，朝廷用人形成了一种惯例，即"非进士不入翰林，非翰林不入内阁"。所以，庶吉士号称"储相"，能成为庶吉士的都有机会平步青云。清朝的汉人大臣中，也大部分都是庶吉士出身。

林则徐被"派习国书"期间表现如何，由于保存下来的资料较少，现已无法考证。大概在重阳节后，林则徐向吏部告假回乡归省。年

21

底，林则徐回到福州，与家人团聚。

这次回来，林则徐在家里闲居一年，直到1812年（嘉庆十七年）冬，才带着妻子郑淑卿自洪山桥登舟北上。师友们齐集洪山桥畔，"皆以诗宠行"。他们的送行诗饱含感情，对林则徐的前途寄予了深厚的期望。由于师友太多，林则徐无法一一唱和，便向众人和故乡深深鞠了一躬。

林则徐夫妇一路经杭州、南京、扬州、宝应、淮安等地，缓缓北上，直到初夏才来到北京。按照清朝官场的惯例，新科进士必须要去拜访沿途的地方官。从福州到北京，所经府县无数，要拜访的官员很多，在这里停留几日，在那里盘桓几天，行程自然就慢了下来。

第四章　步入仕途

状开元景三阳态，探得花香一树春。

——（清）林则徐

（一）

1814（嘉庆十九年）初，林则徐的长子林汝舟出生于北京，这让他肩上的负担一下子加重了不少。初到庶常馆时，林则徐每年的廪饩银为54两，此为正俸，相当于今天的基本工资。清朝有"京官例支双俸"的规定，所以，林则徐每年除了这54两正俸外，还有老米8石八斗五升、梭碎米一石九斗的恩俸。

与普通百姓相比，林则徐的年收入已经不算低了。但作为一名外地来京任职的京官，这些收入根本不足以支撑一家人的生活。迫于无奈，林则徐只好代人撰、缮折子、书信等公文，补贴用度。闽浙总督张师诚闻知此讯，多次派人给林则徐送来银两，予以接济。

初夏，庶常馆散馆了。在"御试"中，林则徐与另一名庶吉士吴慈鹤并列第一，被授予编修之职，品秩为正七品。从此之后，林则徐正式步入官场，开始参与朝政。从现有资料来看，林则徐在京任职期间，在政治上无所谓得意，也无所谓失意，但生活却十分坎坷。

初秋，林则徐被调入国史馆，任协修之职。国史馆隶属翰林院，主要职责是编修《明史》和本朝历史。协修的职能大致相当于今天的副主编，职务不高，俸禄也不高。唯一的好处是，担任此职之人可以直接参与史书的编纂工作，一展才华。

遗憾的是，林则徐上任之时，国史馆并没有分派给他编纂任务。他曾在给友人的信中写道：

"新兼国史馆尚未办过书传，所劳劳者，只此无谓之应酬，不了之笔墨耳。"

在迎来送往中，时光飞逝，很快就到了冬天。北京的冬天异常寒冷，凛冽的寒风一刮起来就没完没了，让人好不耐烦。林则徐一家住惯了福州，哪里见过这种架势。是年腊月，他曾在日记中写道：

"天气极寒。寓中亲眷只三人，大小俱病，殊不可支，连日延医调治，自厌又自怜也。"

为了摆脱经济上的窘境，林则徐设法找了一份兼职。每旬逢三、八日，他都要到设馆地，教学生读书。任务不算太重，每次出时文、试帖课题一次，每次约费一两天时间批阅学生的作品。当然，报酬也不多。

1815年（嘉庆二十年）初，林则徐次子林秋柏出生。林则徐夫妇既高兴又忧愁，高兴的是，因为林家又添了新丁；忧愁的是，生计维艰，却又多了一张吃饭的嘴。

然而，这种矛盾的心情仅仅持续三天便结束了，因为林秋柏出生三天就夭折了。林则徐夫妇伤心不已，好不容易才从失子之痛中走出来。

1815年2月，林则徐以协修之职承办《一统志·人物名宦》。林则徐工作相当努力，所修之书的质量也相当高。一个月后，林则徐被调任撰文官。

在林则徐被调任撰文官的同时，嘉庆帝颁布了《查禁鸦片烟条规》，宣布全面禁烟，即"内禁"与"外禁"并行。

何谓"内禁"？早在1813年（嘉庆十八年），清廷明文公布，凡吸食鸦片者，一经发现，立即押送有司处罚。这一政策是针对国内的鸦片吸食者的，故称内禁政策。

顾名思义，"外禁"就是针对外国的鸦片贩子的，即禁止鸦片输入。

不过，清廷虽然同时推行"内禁"和"外禁"政策，但仍然以"外禁"为主。这主要是因为内地吸食鸦片者已经非常多了，根本无法一一查处，只好从源头上禁止鸦片输入。

《查禁鸦片烟条规》要点有两个：其一，进入澳门的葡萄牙船只，卸货前需经清朝官员亲临检查，一旦发现夹运鸦片，则取缔该船的一切贸易，并令其立即离港；其二，有关鸦片禁令的"议处"和"议叙"（即行政上的处分和奖赏）。

《条规》第一次明确了登船检查外国船运载货物的规定。尽管这一规定只限于进入澳门的葡萄牙船只，但明显说明了清政府对"外禁"政策的加强。

遗憾的是，《查禁鸦片条规》本身的局限性，再加上两广官员私下里与外国鸦片贩子相勾结，朝廷的禁烟规定再次成为一纸空文。如此一来，清廷禁烟陷入了"屡禁不止"的怪圈。这一年，英国东印度公司每年对华输入的鸦片突破5000箱，鸦片流毒日重。

（二）

1815年9月，林则徐被调任潘书房行走。清廷将非常设机构的官员或非专任官职称为"行走"。一般情况下，行走都是由皇帝按照需要临时任命的。林则徐任潘书房行走约一年的时间，深受嘉庆帝的器重。

1816年（嘉庆二十一年）春，林则徐的长女林尘潭出生。林则徐高兴极了。可惜的是，他并没有太多的时间陪伴妻女。这一年，朝廷发生了一件大事。英国外交官阿美士德伯爵来华觐见，企图修改通商协定，为东印度公司争取更大的权益。结果，双方就礼仪问题发生了争执。

清廷的大臣们认为，阿美士德伯爵既然来华觐见，就应该遵守清廷的规矩，向嘉庆帝行跪拜礼。阿美士德伯爵坚持说，他见英国国王也没有行跪拜礼。结果，嘉庆帝大怒，下令将阿美士德一行赶出北京，未予接见。

满朝文武大臣都参与了这场争论。由于清廷关于此次礼仪之争的记载较少，现在已无法知晓林则徐这位当时还不入流的小官持何种意见。不过，按照他日后的表现来看，他的意见应该是和嘉庆帝一致的。

同年秋，林则徐被派往南昌，担任江西乡试副主考官。嘉庆帝之所以派林则徐前往南昌，大概是想给他一次历练的机会，方便日后提拔他。

自隋朝开举之后，参加科举几乎是中下层知识分子跻身仕途的唯一途径。林则徐是科举出身，自然能体会到士子的不易。因此，他与正考官吴其彦到南昌后，从出题到印刷试卷，从评阅各房荐卷到点阅落卷，处处都一丝不苟。

据吴其彦的回忆文章所载，林则徐每天评阅的荐卷至少20本，有时甚至多至35本。阅完荐卷，他又"检数日前阅过荐卷，分别去取，并调阅二、三场互相比较"。仔细衡量之后，他才"将拟中之卷，发交各房查对二、三场笔气"。

正是因为林则徐的努力，此次江西乡试为朝廷选拔了不少真正的人才。而那些企图以鱼目混珠者，则全部被林则徐抽出，"另补他卷"。是科取中正榜94名，副榜18名，其中素有文誉者或知名之士甚多。

年底，林则徐回京复命，被派往清秘堂办事。清秘堂即翰林院，因乾隆皇帝曾为翰林院题写一款"集贤清秘"的匾额，所以又称清秘堂。从"集贤清秘"这块匾额可以看出，清秘堂中的人皆是皇帝准备重用的贤才。

林则徐的朋友认为，他能够进入清秘堂，飞黄腾达已经指日可待。果然，林则徐在次年初夏即被引见，记名以御史用。引见和记名都是清朝对有功官员的嘉奖。清制，京官五品以下，外官四品以下，凡初授官、京察升调、保举、学习期满留用等，文官由吏部，武官由兵部引见皇帝，并以职名送鸿胪寺。记名则是由军机处或吏部将有功官员的名字记下来，以备将来数年升迁之用。

引见、记名虽然给林则徐的带来了一些希望，但他的生活并没有实质性的改变。1817年（嘉庆二十二年）秋，林氏夫妇的次女金鸾降生，林则徐肩上的负担更重了。

1818年（嘉庆二十三年）春，怀孕数月的郑淑卿不幸流产，身体极度虚弱。随后，次女金鸾也夭折了。林则徐在给友人的信中伤感万分地说：

"弟今年新运甚为驳杂，春间大考竟至弗胜为笑，三四月间连殇二女，妇病连绵，医药为累。"

除了沉重的家庭负担之外，林则徐每年在官场上的迎来送往中也花费了不少精力和金钱。嘉庆时期，统治集团享受着康乾盛世带来的种种便利，根本没有意识到中国和西方的差距已越拉越大。上行下效，北京的官僚、士大夫等，文酒唱酬之会蔚然成风。

林则徐虽然不喜欢这类活动，但也不想被同僚视为异类。从入京任职的那天起，他就试图融入京城官场的社交圈子。从这一点来看，林则徐虽为一介书生，但身上并没有多少读书人的通病——清高自傲。

可惜的是，林则徐职位不高，那些高高在上的大老爷们根本不把他放在眼里。几年下来，应酬文墨，应付朋友、同乡约会和喜丧等事，将林则徐搞得身心俱疲，他不禁发出"京中之引人入邪，较之外间尤甚"的感慨。

（三）

嘉庆后期，各地饥民纷纷揭竿而起，竖起了反清的大旗，其中以天理教大起义的规模最为浩大。此起彼伏的农民起义在一定程度上动摇了清朝的腐朽统治，也推动了经世之学的发展。

所谓经世之学，也就是以经世致用为目的的学问。一些目光敏锐的知识分子看到，中国和西方国家的差距正在逐步拉大，百姓的生活状况也急剧恶化。要想保住大清王朝的独裁统治，就必须从内部发起一场自上而下的改革。

然而，这场自上而下的改革到底该是什么样的，由于缺乏先例可循，再加上这场改革的目的是维护皇权，改革根本不可能成功。因为封建独裁统治就是导致中国迅速落后于西方国家根本原因之一。如果不打破这种封建独裁的枷锁，一切改革都将徒劳无功。

不过，在统治集团内部兴起的经世之学也在一定程度上缓解了各种社会矛盾，延缓了大清王朝覆亡的进程。

林则徐不喜欢京城官场上的奢靡之风，倒是对经世之学很感兴趣。为了通于政事，他利用京师的丰富藏书，"益究心经世学，虽居清秘，于六曹事例因革，用人行政之得失，综核无遗"。

林则徐在京城为官的几年里，京畿一带连年大旱，饿殍遍野，民不聊生。因此，林则徐特别注意到京畿一带的农田水利问题。他广泛搜集了前代水利专家关于在京畿一带兴修水利、种植水稻的奏疏和著述，酝酿并开始写作《北直水利书》。

北直乃是北直隶的简称，大致相当于今天的北京、天津和河北等省市。数百年来，京畿一带的粮食无法自给，大部分依靠漕运，从南方调粮。南粮北调虽然缓解了北方的粮荒，但其弊端也是显而易见，不但加重了南方数省，尤其是江南一带农民的负担，也滋生了严重的腐败问题。

林则徐认为，直隶的水资源较为丰富，适合种植水稻。如果在直隶一带广开水田，种植水稻，京畿一带的粮食基本上能够实现自给自足。如此一来，不但能减轻南方数省农民的负担，也能稳定北方的社会秩序。所以，他尖锐地提出：

"农为天下本务，稻又为农之本务，而畿内艺稻又为天下之本务。"

从当时的历史条件来看，林则徐的设想不大可能实现。在京畿一带兴修水利、推广水稻种植，是一项涉及民俗、漕运、河防等方面的综合改革。京畿一带的农民没有种植水稻的传统，不但缺乏种植技术，而且也没有适合北方种植的水稻品种。自元朝以来，统治集团大力在北方推广水稻种植，但都收效甚微，其主要原因就在此。

不过，林则徐也已意识到，前代失败主要是由于技术和办法失当所致。他在书中广征博引，提出了许多具体可行的建议。如今，水稻种植已经在北方得到了有效的推广，而且效果颇佳。从这一点来看，林则徐的观点还是很正确的。

只不过，他的这些建议在当时不可能得到有效实施。数百年的南粮北调，滋生了一个庞大的利益集团。他们官官相护，极力阻挠在京畿一带推广水稻种植。显然，林则徐根本无力撼动这一利益集团。因此，他的建议在当时也只能停留在"纸上谈兵"的阶段。

不管怎么说，林则徐作为一名封建士大夫，能够从国计民生着眼，提出如此远大的建议，都是具有进步意义的。

据说，林则徐曾研制过4种戒烟药，分别为"忌酸丸""补正丸""四物饮"和"瓜汁饮"。其中，以"瓜汁饮"最为简单，方法是：南瓜正在开花时，连花、叶、根、藤一起拔起，用水洗净，放入石臼中捣烂，取汁常服。传说，连服半个月，烟瘾即可去掉。

第五章 深获器重

　　子孙若如我，留钱做什么，贤而多财，则损其志；子孙不如我，留钱做什么，愚而多财，益增其过。

——（清）林则徐

（一）

　　1819年（嘉庆二十四年）4月，林则徐的终于迎来了仕途的春天。在该年的会试（己卯恩科）中，林则徐被嘉庆皇帝钦点为十二房同考官。在评卷举荐中，他一如既往地坚持公平、公正原则，积极为朝廷选拔人才。在己卯恩科中，林则徐共阅50余卷，取中者10人，其中包括状元陈沆。

　　同年6月，林则徐又被嘉庆皇帝钦点为云南乡试正考官，启程赶赴昆明。从北京到昆明，山高路远，林则徐和副考官吴慈鹤日夜兼程，足足走了3个月的时间。在寂寞无聊的行程中，林则徐写了不少诗，后来自编为《使滇小草》。

　　《使滇小草》的内容可分为两部分，一部分是官场应酬及题画、咏画之作，另一部分是记述途中遭遇及游览山水古迹的叙怀之作。前者并没有什么文学价值，后者的格调颇高，且反映了作者当时真实的思想情感。

在一处驿站，林则徐看到一匹老马筋疲力尽地躺在马厩里，奄奄一息，马上就要死掉了。负责养马的圉人叉着腰站在一旁，似乎在等着剥马皮。林则徐有感而发，写了一首《病马行》。他在诗中写道：

昔饿求刍恐不得，今纵得刍那能食？
圉人怒视目犹侧，欲卖死皮偿酒直。
马今垂死告圉人，尔之今日吾前身！

林则徐采用拟人化的手法，通过病马在临死前一瞬间所说的一席话，谴责了圉人的为非作歹。很显然，"病马"的意象并不单单指躺在马厩里的老马，还暗指劳苦大众；"圉人"的意象也不单单指养马的人，还泛指贪官污吏。作者用恶有恶报的宿命论观点谴责"圉人"，虽然是无力的，但确实表达了诗人对社会不公的鲜明态度。

林则徐一行途径裕州时，突遇暴雨，河水大涨，冲断了桥梁。林则徐在河边急得团团转，却毫无办法。附近的村民听说林则徐是皇帝派往云南的乡试主考官，都纷纷赶来，众擎成墙，涉过没肩的洪水，把林则徐送到彼岸，让他安全脱离险境。

林则徐大为感动，提笔写道：

我心深感怀转伤，为语司牧慎忽忘。
孜孜与民敷肝肠，毋施棰楚加桁杨。
教以礼义勤耕桑，天下舆情皆此乡，世尧舜世无怀襄。

作者在诗中表达了自己对村民们的感激之情，同时也明确了自己努力做一个清廉官吏的志向。从这一点来看，林则徐与当时绝大多数读书人并没什么不同。他只想做一个正直之人，"修身齐家治国平天下"，效忠大清王朝和至高无上的皇帝。

不过，大部分经由科举跻身仕途的读书人只是将"修身齐家治国平天下"当成一种志向，并没有认真实施。与这些人不同的是，林则徐不但有此志向，还身体力行。从林则徐的南行日记中可以看出，他对沿途农田水利和灾情都颇为留意。

途径定远县时，林则徐发现，当地旱情非常严重，到处都在求雨。林则徐询问当地官员：

"这里多长时间没有下雨了？"

一名官员叹道：

"回大人，并没有多长时间。"

林则徐不解地问：

"既然没多长时间，旱情为何如此严重？"

那名官员回答说：

"大人有所不知。此地水利设施十分匮乏，下雨就发洪水，雨停就有旱情。"

林则徐闻言大惊，立即要求当地官吏"为民敷肝肠"。他指出，只有百姓安居乐业，国家才能长治久安，官员们才能高枕无忧。这和《北直水利书》中所表达的"养民为本"的思想是一脉相承的。

当年9月，林则徐一行赶到昆明。随后，他与副考官吴慈鹤一起，积极组织乡试，严格选拔"有志于学，求付实用"、"文理优长"的"真才"。此次会试，共得正榜54名，副榜10名，"傲诡浮薄之词，概斥勿录"，云南的士子因而"感悦奋发"，称赞"自庄蹻启域、汉武置郡以来，未有如今日之盛也"。

（二）

林则徐在己卯恩科和云南乡试过程中的突出表现受到了嘉庆帝的重视。1820年（嘉庆二十五年）3月，林则徐被嘉庆帝钦点为江南道监察御史。

江南道始置于唐朝，地域范围十分广阔，大致相当于今江苏、安徽、湖北的江南地区和湖南、四川东南、贵州东北之地。在隋唐时期，"道"并不是一级行政机构，而是监察区的名称。安史之乱后，唐朝中央政府对地方的控制减弱，"道"逐渐由监察区演变为行政机构，并成为地方割据藩镇割据的开始。此后，"道"的性质在监察区和行政机构之间飘忽不定。到了清朝时，随着中央集权的加强，"道"再次由行政机构演变为监察区。

清朝的监察御史是非常设中央或地方官员，只在需要时才由皇帝本人直接任命。监察御史的品秩不高，为从五品官员，但权力极大，其主要职责是制衡地方行政机构的主官，不仅可以直接上疏弹劾违法官吏，有时还可以根据皇帝的任命直接审判地方大员。

就任江南道监察御史没多久，林则徐就向嘉庆帝呈送了一道奏折，弹劾福建闽安副将张保仔。

张保仔，原名张保，渔民出身，精通水性，是福建和广东沿海一带著名的海盗。鼎盛时期，张保仔拥有部众两万余人，战船数百艘，大炮上千门。清廷多次派兵围剿，每次都无功而返。

后来，署理闽浙督抚的张师诚联合两广总督张百龄等，联合镇压海盗。他们一边派出水师大力围剿，一边加强海禁，断绝沿海居民和海盗的联系。

1809年，东南沿海的海盗大头目蔡牵在张师诚的打击下裂船自沉而亡。张保仔失去了强有力的支持，无法再支撑下去，遂于次年春天率部投降清廷，被授守备之职，戴红顶花翎。

降清后，张保仔多次率部缉捕海盗，屡立战功，并于1819年升任福建闽安副将，驻守澎湖。张保仔在官场上虽然步步高升，但并不得意。因为官场上很讲究出身，经由科举或荫封跻身官场的人很受敬重，但像张保仔这类出身江湖之人，却时常遭受同僚们的嘲讽和排挤。

林则徐在担任张师诚的幕僚期间就听说过张保仔。不知是出于对张保仔的不满，还是其他原因，他在上疏中称，为了大清江山的万年永固，必须"严纪律，择将帅"，不能让投诚之人身居高位或驻守要地。

嘉庆帝认为林则徐说得很有道理，于是立即颁布诏命，准予实施。自此之后，张保仔再没有升职，以副将终身。

就在这时，黄河仪封南岸突然决口，洪水淹没了大片良田和村庄，时任河南巡抚琦善奉命督修河工。然而，由于料贩囤积居奇，物价飞涨，严重影响了河工进度。面对这种情况，琦善束手无策。

嘉庆帝勃然大怒，斥责琦善办事不力，徒费国帑，并将褫职，以主事衔留办河工。不料，琦善依然找不到对付料贩的办法。结果，河工进度一拖再拖，始终没有任何进展。

得知这一情况，林则徐立即上疏嘉庆帝，建议他敕令河南各地官员，惩办囤积居奇的料贩，"平价收买，以济工需"。

嘉庆帝闻言大喜，再次采纳了林则徐的建议。

经过这两件事情，林则徐在嘉庆帝心目中的地位大为提高。几天后，林则徐在京察中名列一等，再次被引见记名，并以道府用。

（三）

1820年（嘉庆二十五年）初夏，林则徐官领杭嘉湖兵备道，外擢浙江。

俗话说，"上有天堂，下有苏杭"。这杭州地处江南水乡，城市相当繁华，嘉兴和湖州两府也以农业、手工业发达著称于世。首次外任就被派往这样一个好去处，林则徐的心中不由激漾着对嘉庆帝的知恩感德之情。

8月27日，林则徐抵达杭州。这并不是林则徐第一次来杭州，但却是第一次以地方官的身份来这里。前几次匆匆路过，林则徐还羡慕杭州的繁华富庶，一旦深入农村，他的羡慕之情便不见了。

由于官僚胥吏的追索勒派，地主豪强的巧取豪夺，杭嘉湖地区并不比其他地方好多少。城市工商业发展缓慢，农村则凋破不堪。尤为严重的是，农村地区水利失修相当严重，200多年来资为农田保障的海塘，经不住海水的日夜冲刷，纷纷毁圮，劳动人民的生活非常困苦。

林则徐到任仅仅四个月，湖州府便发生了抗粮风潮。但贪官污吏们非但不体恤民间疾苦，反倒变本加厉，想尽办法敲诈、勒索百姓的钱财。心性耿直的林则徐对此大为不平，但又无可奈何，逐渐陷入苦闷之中。

就在这时，嘉庆帝病死，皇次子旻宁（1782—1850）继位，是为道光帝。登基之初，道光帝锐意图治，罢斥了嘉庆帝倚信的首席军机大臣托津和班列第二的戴均元，将卢荫溥、文孚等降四级留任，起用汉族官僚曹振镛入直。

曹振镛与林则徐关系颇为密切，乃是林则徐会试时的座师。封建社会十分讲究师生之谊，有"一日为师，终身为父"的说法。林则徐在道光年间屡屡升迁，肯定与曹振镛的大力推荐不无关系。这是后话。

道光帝在整顿官僚队伍的同时，又命臣工切实言事，还接连下谕，赈河南、江苏、安徽、浙江等地的水旱、地震灾民，大有整饬历朝秕政的意向。

林则徐受此鼓舞，决心力反因循，剔除积弊，以报朝廷。碰巧，林则徐的上司，浙江巡抚陈若霖与他是同乡。陈若霖为官清正，素对明代乡贤郑少谷抗章切谏的清操和气节十分敬佩，曾寻获郑氏遗诗手迹30首，装潢成帙珍藏。

有一次，林则徐到陈若霖的府上叙同乡之谊。寒暄过后，陈若霖拿出郑少谷的手迹，给林则徐观赏。林则徐不但在诗文上颇有建树，在书法方面也很有造诣。他一看郑少谷的手迹，就惊呼道：

"妙！妙！想不到巡抚大人竟然收集了这么多少谷先生的手迹。"

陈若霖找到了知音，当即将郑少谷夸赞一番，随后又问：

"少穆也喜欢少谷先生的书法？"

林则徐笑道：

"岂知是喜欢！说起来，下官和少谷先生还有些渊源呢！"

"哦？有何渊源？少穆不妨说出来听听！"

林则徐这才不紧不慢地把他与郑少谷之间的渊源说了出来。原来，林则徐的岳父郑大谟正是郑少谷的九世孙。论起来，林则徐也算是郑少谷的后人了。

陈若霖得知林则徐与郑家的关系后，倍感亲近，当即恳求道：

"既然少穆与少谷先生有这层关系，何不帮本官在这本手迹上题几个字呢？"

林则徐谦虚一番，最后缓缓说道：

"恭敬不如从命！"

陈若霖大喜，当即命人取来文房四宝，亲自给林则徐磨墨。林则徐受宠若惊，恭恭敬敬地在郑少谷的手迹上题了字。

从此之后，林则徐和陈若霖之间的关系便亲近了很多。陈若霖时时将他当作门生一样对待，寄予厚望。

（四）

1820年（嘉庆二十五年，按祖例，新君继位于次年改元，因此道光帝继位的当年仍称嘉庆二十五年）深秋，陈若霖奏请道光帝，准备大修海塘水利。道光帝当即应允，并调拨了不少钱款给浙江方面。

由于准备重修的海塘工程大部分都在杭嘉湖道的管辖范围内，陈若霖便命林则徐主持重修事宜。当年11月，林则徐在陈若霖的支持下亲赴海边，实地勘察海塘，督促重修。他发现，"旧塘于十八层中，每有薄脆者搀杂"，即令"新塘采石，必择坚厚"。在他指导下修筑起来的海塘，"较旧塘增高二尺许，旧制五纵五横之外，添桩石"。

在当时看来，这是个了不起的创举。新修的海塘比旧塘坚固了许多。当然，由于林则徐修筑的海塘不但增高了约0.67米，还添加了桩石，耗资自然就大一些。不过，整体预算并没有超支。因为朝廷以往在兴修水利之时，主持修建的官员和包工头总要层层克扣，步步盘剥，导致最后真正用在水利兴修上的钱款要比预算少许多。

林则徐主持海塘修建工作，不但自己不贪一分钱，而且严加管理，也不准手下的官僚和实际负责修建的包工头贪污一分钱。如此一来，朝廷下拨的大部分钱款都用在工程之上。两袖清风的林则徐也因此引起了一些贪官污吏和黑心包工头的不满。

12月，林则徐又在杭州雷厉风行，大禁花赌，迅速拿获比较重大的案件两起。当时，"有道役在场包庇"，林则徐当即将他们革职惩办，表现出了不同于前任的干练作风。

这些措施虽然未能触及官场的主要弊端，给老百姓也没有带来多大明显的好处，但对官吏的切身利害无疑是一种触忌。不久，林则徐就被同僚们孤立起来。

面对这一情况，林则徐失望极了。他深感除弊非易，雄图难展。在《答程春海同年（恩泽）赠行》一诗中，他描述了自己任官的艰劳和所遇到的阻力：

> 讵谓当官来，前意失八九，荀舆织长衢，尘牍塞虚牖。
> 才拙奈务丛，支左还绌右，谯诃恐不免，报称复何有？
> 绝想禽鱼嬉，瘁形牛马走，云霄有故人，下视真埃垢。
> 旧侣联骖騑，今途判箕斗，三叹作吏难，因风报琼玖。

在给朋友的一封信中，林则徐还这样说道：

"外官难做，真觉履之而后知。属郡簿牒之繁，濒海堤防之险，每提一端，皆难安寝……夙累本重，又添出都动耗，数将及万，而鄙性迂拘，不敢别图生发，即常例所有，亦减之又减，斟酌再三，初非好为矫廉，诚以宸听聪昭，人情叵测，不敢不慎，然安得人人而告之哉"。

林则徐已经发觉，"人情叵测，不敢不慎"，但又毫无办法。因此，他不但在杭州官场的处境越来越艰难，内心也十分痛苦。

更为不利的是，一直支持林则徐的浙江巡抚陈若霖于道1821年（光元年）1月调任湖广总督，这让林则徐一下子就失去了有力的靠山。

林则徐渐生退隐之心，不想再过问官场上的事情了。于是，他遣人返回故乡，恳请双亲于正月十五后启程前往杭州，与他团聚。父亲林宾日流连于老友们谈艺的乡居生活，不肯就养，但感于林则徐的孝心，便让林母陈太夫人前往。

母亲的到来多少缓解了林则徐的忧闷之情，然而，官场上的不得意仍然时时困扰着他。在接下来的几个月里，林则徐在处理正常的公务之余，便流连于诗酒和山水之间。在此期间，他以地方官的身份发起修葺了林和靖墓，"补种梅树三百六十株，并购二鹤豢养于墓前"，并为墓表题额。

林则徐为林和靖祠所题柱联为：

我忆家风负梅鹤，天教处士领湖山。

为林和靖亭所题柱联为：

世无遗草真能隐，山有名花转不孤。

从这两幅对联可以看出，林则徐很仰慕宋代隐士和先祖林和靖的作风，心有退出官场之意。

39

林则徐在江苏赈灾，户部尚书潘世恩家有米万余石，但却对林则徐说"仓皆空"。林则徐说："仓果空，即借以贮米。"于是，林则徐立将各仓加刷封条。家人前阻，林则徐说："潘大人面说皆空仓，暂借一用耳！"第二天，林则徐便散仓米赈灾。潘世恩有言在先，也无可奈何。

第六章　封疆大吏

　　谪居正是君恩厚，养拙刚于戍卒宜。戏与山妻谈故事，试吟断送老头皮。

——（清）林则徐

（一）

　　1821年秋，林则徐的父亲林宾日在福州老家误食冷腥，卧床20多天，粒米不入，气喘痰雍，甚至多次昏厥过去。林则徐闻讯大惊，心急如焚，决定乞病离任，驰归故里。

　　可以说，林则徐在此时乞病离任，一方面是担心父亲的健康，另一方面则是因为厌倦了官场，而父亲的病刚好给他离任提供了充足的理由。

　　一大早，林则徐就赶到巡抚衙门，求见新任浙江巡抚帅承瀛。说来也巧，这日恰好是帅承瀛老父的诞辰。帅承瀛是个孝子，为庆祝老父的诞辰而闭门谢客。

　　林则徐刚到巡抚衙门前，就被几个衙役拦住了。巡抚衙门的衙役虽然没有功名在身，但仗着有帅承瀛撑腰，再加上平日里看不惯林则徐一本正经的样子，对林则徐态度十分不好，甚至是训斥林则徐道：

　　"巡抚大人有令，未得允许，任何人不得入内！"

41

林则徐央求道：

"下官有急事要求见巡抚大人，劳烦几位通融一下。"

衙役们见林则徐服了软，心里像喝了蜜一样，美得很。为首的一名衙役傲慢地说：

"也就瞧在林大人的面子，不然的话，这事是万万不能通融的。"

林则徐千恩万谢地说：

"有劳，有劳！"

那名衙役进去了好一会儿，才面带微笑地出来，对林则徐说：

"到底是林大人的面子大，巡抚大人有请。"

林则徐也顾不上什么礼节了，抬脚就往里面走。他先给帅承瀛的老父亲磕了头，祝了寿，而后简明扼要地向帅承瀛说明了情况，并乞病离任。

帅承瀛端着架子说：

"按理说，方今正是朝廷用人之际，像少穆这样的人才是万万不可离任的。不过，我朝素来以忠孝治天下，令尊大人有疾，本官岂能不放你走呢！"

林则徐向帅承瀛深鞠一躬，忙不迭地说：

"多谢大人体谅，草民感激不尽。"

林则徐得到了帅承瀛的允许，立即自称"草民"，意思是说，他从现在起就已不再是杭嘉湖道的道台了。

离开巡抚衙门后，林则徐匆匆交割了工作，就带着家人乘舟南下。当时，林则徐的妻子郑淑卿怀孕已逾十月，随时可能分娩。中秋节的夜里，林则徐一行暂歇建州。夜半时分，郑淑卿在船上诞下一女，即林普晴。

林则徐突然辞官，引起官场议论，京中友人盛传他"服官在浙，或不见容于人，以致抱愤忧谗，决然舍去"。后来，直隶总督蒋攸铦还特地修书询问。林则徐以孝为词，多方解释，对于不见容于人的议论，还力辩其非：

"浙中舟谊，均见优容，毫无阂隔，即使意向枘凿，并非利害切身，曾何锋之可避，而必弃官耶？"

说是这样说，但他辞官的主要原因应是前者。至于父亲的病，只不过给他提供了一个冠冕堂皇的理由罢了。关于这一点，他后来在写给友人的书信和酬唱之作中均有所提及。

（二）

林则徐赶到福州时，林宾日的病情已有好转，只不过"精神迥不如前"。对一个垂暮老人，精神不如从前是再正常不过的事了。父亲的病算是好了，但林则徐却病倒了。

由于旅途劳顿，再加上心情忧闷，林则徐染上了痢疾，多日下不了床。郑淑卿由于在船上生产，没有得到很好的照顾，也病得很重。调养了好一段时间，一家人的身体才慢慢好转。

林则徐本想弃官之后不再出仕，无奈家庭人口众多，上有老，下有小，全都等着"米下锅"。林则徐又想重操旧业，设馆教学，以为生机，但他毕竟做了几年朝廷命官，再去做这样的事似乎有所不妥。

再说，设馆教学也多半要离开家乡，和外出做官没什么区别。再加上父母和朋友都反对他这样做，他便渐渐打消了设馆的打算。

道光二年（1822年）初，林则徐不大情愿地向吏部递交了申请，说父亲的身体已经痊愈，自己可以复任了。大概是座师曹振镛的关照，吏部很快批准了林则徐的申请，命其进京投供（即提供简历，以供吏部选用）。

三月末，林则徐携带家人乘舟北上，取道杭州前往京城。有趣的是，林则徐在任之时，杭州的官吏和士绅大都讨厌他那种廉洁公正和刚直不阿的作风。但林则徐离任之后，那些官吏和士绅又把他当作为官楷模一般加以推崇。这样的现象在中国历史上十分普遍。

正因为如此，当林则徐再次来到杭州时，当地官吏和士绅为他举行了热烈的欢迎仪式。这是林则徐没有想到的，这也让林则徐积郁在心中的不快立即烟消云散，他又重新燃起了上报朝廷、下报百姓的雄心壮志。

初夏，林则徐抵达京师。大概是曹振镛的关照，道光帝对林则徐格外照顾，打破病痊起复人员应在吏部投供坐补原缺的成例，下旨仍发浙省以道员用。

按照惯例，林则徐马上入宫谢恩。在召对中，道光帝夸奖林则徐说：

"爱卿在浙省虽为日未久，而官声颇好，办事都没有毛病。"

林则徐叩谢道：

"万岁爷谬赞了，微臣不敢忘记朝廷的栽培，只不过做了份内之事。"

道光帝又嘱咐说：

"爱卿补缺后，要好好察吏安民，一切都照从前那样做就好了。"

林则徐又向道光帝叩了几个头，朗声道：

"皇恩晃荡，臣感刻难名，补缺后一定察吏安民，忠君报国。"

道光帝又说了些赞誉之语，便让林则徐退出去了。林则徐谢了恩，退出金銮殿，又在京城流连数日，拜访些朋友，便返回杭州去了。在听候补用期间，他发起募捐，先后修缮了北宋名臣于谦和南宋爱国将领岳飞的坟墓。

初秋，林则徐奉巡抚帅承瀛的委派，监试浙江乡试。对林则徐来说，这是一项轻车熟路的工作。从点对读号军及各项执事人役，督视外簾各官亲印坐号，接题及散题纸、粥饭，到撤场贴出不合格式或不完的试卷，催促水夫挑送用水，处理病号，他都处理得井井有条，一丝不苟。

乡试还没有结束，林则徐便见到简放江苏淮海道的抄报。但他出闱后并未立即赴任，帅承瀛因兼理盐政亟须人才，挽留他暂署浙江盐运使。

盐运使是负责一省盐务管理、缉私、收税等事务的官员，在当时是个肥差。帅承瀛之所以把这项任务交给林则徐，大概看中的是他所具备的那种公正和清廉的作风。

在漫长的封建社会，历代统治者大多实行"盐铁专营"，以增加国家的赋税收入。这本来是件好事，但由于贪官污吏横行，"盐铁专营"便成了地方政府搜刮民脂民膏的一种手段。在政府的控制下，与百姓生活息息相关的食盐价格居高不下，弄得许多贫苦百姓连盐都吃不起。

由于奇货可居，一些专事食盐走私的民间帮会组织便应运而生了。走私的出现导致国家赋税急剧减少，贪官污吏们捞取的好处自然也就少了不少。于是，他们便一边提高盐价，一边勾结走私者，将官盐变为私盐，从中牟利。如此一来，百姓深受其害，国家赋税也大幅减少，唯有那些贪官污吏和走私者大发横财。

到道光年间，整顿东南数省的盐务已成为朝廷的首要重任。林则徐暂摄运司三个月，制定了10条整顿盐务的措施，其中包括定盐场官制、裁盐政养廉、革掣规供应、灶课由场征解、销引先正后余、引目通融行销、收支力杜弊混、枭私商私并禁、掣验改复两季、甲商酌裁节费等。

结果，官盐成本大降，价格自然也降了下来。走私者无利可图，便渐渐销声匿迹。随着官盐销售量的增加，国家的赋税收入也增加了不少。帅承瀛喜不自禁，当即上疏道光帝，赞誉林则徐整顿盐务之功。

（三）

道光三年（1823年）初春，林则徐离开浙江，到江苏清江浦接任淮海道。上任还不到半个月，他便被道光帝擢升为江苏按察使。从此之后，林则徐在道光帝的宠信下，步入了升迁的快车道，在官场上扶摇直上，很快就成为大清王朝的封疆大吏。

按察使俗称臬台，是主理一省司法、监察和邮驿的最高长官，品秩正三品。按照惯例，各省督抚、将军要在每年三月前把对重犯的处分意见上报给刑部，等候七月会审具题，请旨裁夺，以便在霜降后、冬至前把死囚正法，是为"秋审"，即民间常说的"秋后问斩"。

林则徐被擢升为江苏按察使时，各省已经开始向刑部上报处分意见了。然而，由于林则徐尚未到任，江苏尚未展开这方面的工作。为不误秋审之期，两江总督孙玉庭接连下文催促林则徐前往苏州（当时，苏州是江苏的省城）赴任。

林则徐不敢怠慢，立即从清江浦启程，赶赴苏州。就任后，林则徐发现，"两江案牍繁多，视浙省不啻数倍"，单京控案件就达30余起。清代以前，百姓或下级官吏有冤屈，经各省最高级官署审判仍不能解决时，可赴京向都察院或步军统领衙门控诉，谓之"京控"。

封建社会的京控是一种很有意思的现象。实际上，统治集团并不希望百姓或下级官吏通过京控这种越级上访的途径来维护自己的权力，一则，越级上访是对当权者专制统治的挑战；二则，越级上访容易滋生诸如治安混乱等社会问题。这些都是当权者不愿意看到的。

既然如此，统治集团为何又要制定京控制度呢？这就要涉及问题的另一个层面了。一方面，如果完全堵住百姓宣泄官民矛盾的渠道，势必会导致矛盾激化，引起社会动荡。另一方面，最高统治者也要向臣民显示"青天"形象，让天下人相信问题出在地方官员身上，皇帝还是英明的，所以要给臣民一个"来京上访"的合法渠道。当然，皇帝开启京控的渠道，也是控制地方官员的需要。

京控往往都是大案子，搞不好就会让地方官丢官，甚至掉脑袋，林则徐岂敢怠慢？因此，他到任后立即从京控的大案、要案着手，尽量将其在省内解决掉，而后又从制度上着手，尽量减少冤假错案的产生。

在漫长的封建社会里，基层的民刑裁判权基本上被地方官、乡绅和专靠颠倒敲诈为生的讼棍控制着。地方官员、乡绅和讼棍们沆瀣一气，颠倒黑白，敲诈原告和被告，即民间所说的"吃完原告吃被告"。这种情况非常普遍，几乎成了公开的秘密。由于制度如此，百姓们只能期盼"青天大老爷"的出现。

林则徐看到了民刑司法上的弊端。他认为，把司法公正寄托在地方官吏的个人品质上是不可靠的。一方面，要求地方官员"才德兼备、表里粹然"，这是不现实的，即林则徐说的"诚难其人"；另一方面，如果自上而下地进行一次彻底的整顿运动，势必会动摇大清王朝的统治基础。何况，主持整顿工作的官员也"未必尽皆可靠"。

因此，林则徐主要完善司法制度，从制度上减少冤假错案的产生，就任江苏按察使后做了三件大事：

第一，详定解案章程，简化解审手续，清理积案。他规定，每件案子的人证、物证、言证都要呈送上级部门核准，然后才能生效。

第二，所有大案、要案全部呈送臬台衙门审理。他还令各地县衙征兆"仵作"，学习命案验骨之法，"凡有检验，必须亲自动手，细辨尸伤轻重"，不准任听唱报。

第三，严惩诬告之人，力拿协助原告诬告他人的讼师。与此同时，他还制定了一套约束文书的制度，以防文书串通原告或被告，合谋作弊。

通过这些措施，林则徐完善了江苏一省的司法制度。他到任四个月后，原先积压的京控案件就处理了十分之九，地方的治安状况也得到了改善。

不过，林则徐在江苏实行的司法改革并不彻底。一方面，林则徐知道，司法不公的状况积重难返，无法彻底改变。他认为，"司书胆玩已久，既往之事，不可问者颇多"，"捕役实无得力之人"，"此由州县之宽，致滋保捕之玩，亦难治之一端也"。

另一方面，林则徐也不敢彻底打击贪官污吏，这一点是由他的出身决定的。林则徐进行司法改革的目的，是为了维护大清王朝的统治。如果将那些贪官污吏一网打尽，势必会牵涉太广。届时，"徒滋纷扰，无补治功"，肯定会动摇大清王朝独裁统治的根基。

正因为如此，林则徐在进行司法改革时，态度并不十分坚决。他说："惟有随事随时，留心董劝，期于贤者思奋，不肖者知戒而已。"

1811年元旦，林则徐在房间的墙上贴了一个"元旦开笔，领袖蓬山"的红笺。他的好友陈銮也在房中贴了这八个字，不谋而合。两人都不解释，惟相视而笑。这一年，林则徐考取了进士，授翰林院庶吉士。次年，陈銮中了状元，亦入翰林。此事一时被传为科场佳话。

第七章　赈灾济困

若鸦片一日未绝，本大臣一日不回，誓与此事相始终，断无中止之理。

——（清）林则徐

（一）

林则徐就任江苏按察使前后，英国对华输入的鸦片数量继续激增。犹如一股黑色的毒流，鸦片迅速在中华大地上泛滥开来。据有关史料记载，烟毒已从东南沿海扩大到内地十八省，深入到山西、陕西、盛京（今辽宁省沈阳市）等腹地。上自王公大臣，下至庶民百姓，几乎社会各行各业、各个阶层都有吸食者。历史学家估计，当时全国吸食鸦片的人数高达两三百万人。

国内的贩毒网络也已完全形成。在这个网络中，既有开馆者、贩卖者，也有制造烟具者。开馆者不仅限于通都大邑，而且深入到各城乡市镇。勾结外商、贩卖鸦片的人甚众，甚至出现了包揽一乡一镇，乃至一省和数省的大毒枭。制造烟具的人也越来越多，烟具也越来越考究。以竹木、玻璃、陶器为原料的器具价格低廉，深受普通吸食者的喜爱；以象牙、金、银等为原料的器具精美绝伦，几乎是上层吸食者必备之物。

鸦片的输入不但严重损害了中国人的健康，也在一定程度上动摇了大清王朝的经济基础。鸦片之毒已经到了不能不禁的程度。道光帝登基的第二年（道光元年，1821年），清政府就重申禁令，严禁在澳门、黄埔囤放和销售鸦片。"凡洋船至粤，先令行商出具所进黄埔货船并无鸦片甘结，方准开航验货。其行商容隐，事后查出，加等治罪。开馆者议绞，贩卖者充军，吸食者杖徒"。

可以说，这是清廷宣布禁烟以来最为严厉的禁令。然而，由于鸦片走私网络已经形成，再加上腐败官吏的包庇，这条禁烟令依然没有发挥作用。英国的鸦片贩子们不慌不忙地把走私据点迁到了珠江口岸的伶仃洋，继续从事罪恶的鸦片贸易。

伶仃洋上日夜停泊着20多艘船，存放着从印度等地运来的鸦片。广州一带的地痞流氓则勾结官府，以开店铺为名，暗中帮助外国鸦片贩子包售鸦片，熟悉鸦片走私渠道的人把这种黑店称为"大窑口"。

国内的鸦片贩子，即各地小窑口的老板们，往往手握现银，到"大窑口"取得提货单，然后凭提货单到船上取货。提出的鸦片由专门包办武装走私的船只运回"大窑口"，然后"大窑口"再组织人力，帮助内地烟贩将鸦片偷运到各地的"小窑口"，"小窑口"再把鸦片销到当地的大小烟馆。

道光初年，苏州城内尚无"小窑口"，但烟馆却已是遍地开花，以走私鸦片为生者数以千计。至于吸食者，更是数不胜数，其中还有不少官吏。林则徐到任不久，便开始严格实施道光帝的禁烟令。

据说，林则徐到苏州后经常微服巡访。有一天，他在一处幽静的小巷子中碰到一名骨瘦如柴的中年男子。目光如炬的林则徐发现，此人面色黝黑，衣衫褴褛，但骨子里却透露出一股富贵气，不像是终日操劳的贫民。

林则徐暗暗惊叹道：

"此人怎么会沦落到如此地步？"

就在这时，一阵风过，那人的长衫被风吹起。林则徐这才发现，那人怀中竟然抱着一款精美绝伦的花瓶。林则徐好生奇怪，此人怎么会有如此精美的花瓶呢？他暗暗跟在那人的身后，一直走到一家烟馆的前面。等那人闪身进入烟馆时，林则徐才恍然大悟，原来这是一个大烟鬼啊！他肯定是因为没钱，才把家里的花瓶偷出来换鸦片抽的。

林则徐在烟馆站了半天，看到出入烟馆的男子大多骨瘦如柴，衣衫褴褛。他们进去时往往都萎靡不振、哈欠连连，出来时却昂首挺胸、精神抖擞。林则徐不禁连连摇头道：

"民不聊生呀，鸦片害人非浅，现在不禁更待何时！"

回到臬台衙门，林则徐立即制定了禁烟计划。当时，南浩街是苏州的商业中心，也是鸦片的集散地。据说，那里销售的商品有一半是鸦片。林则徐领着一帮衙役，全部装扮成商人，深入南浩街实地查访，摸清了鸦片进出的渠道。

不久，林则徐就重拳出击，严拿贩烟者，惩处吸食者，同时派兵把守各城门及水陆码头、交通要道，切断鸦片的来源。过了一段时间，百姓中的吸食者自然而然地把烟戒了，贩卖者也就作鸟兽散了。

这是林则徐第一次主持禁烟工作，影响范围虽然不大，但效果斐然。苏州禁烟结束后，他特地上疏道光帝，奏请严禁鸦片、查捕烟贩。道光帝深以为然，立即批准了他的建议，令各地官员效仿江苏，开战禁烟工作。然而，由于地方官员的虚与委蛇，这次全国性的禁烟运动依然是雷声大，雨点小，几乎没有取得任何进展。

（二）

道光三年（1823年）五月，江苏大雨滂沱，昼夜不止，洪水淹没了大片良田。一直到六月，洪水才渐渐退去。农民们赶紧趁此机会补种禾苗，希望能挽回一部分损失。

不料，禾苗刚栽下去，又赶上了暴雨天气。七月上旬，江苏各地普降暴雨，淹毙人畜不计其数，冲垮的房屋、桥梁更是无法统计。滨江一带的灾情最为严重，田地、房屋悉数被淹，溺水而死者数不胜数，水面上到处都飘着死尸、枯草和朽木。

一时间，救灾成了江苏各衙门开战工作的重中之重。按理说，救灾之事是巡抚和布政使的事情，和按察使无关，但这件事不但关系到国计民生，还牵涉到江苏的政局，林则徐怎能不闻不问呢？

灾情发生后，林则徐多次和巡抚、布政使会商，研究救灾计划。不久，江苏巡抚衙门、布政使衙门和臬台衙门便联合下发命令，要求各地官员到田间地头去勘察灾情，如实上报。如果有人胆敢"只顾钱漕，玩视民瘼"，"定当揭参一二示儆"。

虽然巡抚、布政使和臬台下了严令，但仍有人敢冒天下之大不韪，视救灾如儿戏。娄县知县李传簪就根本没到灾区勘察，便胡乱报了些数据上去。由于不了解情况，他报的数据比真实受灾情况小得多。

巡抚衙门下拨粮款依据的是各县上报的数据，娄县上报的数据比较少，得到的粮款自然也少。结果，娄县出现了大批灾民因填不饱肚子而聚集县署请愿的群体事件，再加上地保、乡民环绕吁求，李知县不得不下乡勘灾，答应上省求发银米。然而，此时报赈的期限已经过去。

松江府知府杨树基得知此事后，认为不合报赈制度，便阻止李知县上省。消息传开后，民情不服。于是，在娄县地保徐春希等人的鼓动下，饥民纷纷聚集前往府署，要讨一个说法。

中元节（农历七月十五）那天，娄县受灾严重的饥民100余人，各携饭箩，拥到松江府署请愿。恰巧这天赴府署附近城隍庙烧香还愿的乡民很多，看到饥民请愿，便纷纷拥看围观。府署大堂地窄人多，前呼后挤，竟将大堂外的半截栏杆挤倒在地。

站堂的衙役大声呼禁，并试图以武力驱散民众，然而衙役的举动立即激怒了请愿和围观的群众。饥民严海观拾起栏杆木丢到知府杨树基脚边，吴松观将手执饭箩乱抛。原先跪地叩求的饥民一齐站起前拥，杨树基吓得仓皇退堂，躲到内室去了。

饥民一时愤怒，打毁暖阁窗棂，拥入内署，随手毁拆门窗桌椅。严海观更是闯入内室，出拳重击杨树基，吴松观又将其纱褂撕破。

事发后，江苏提督立即带兵前来弹压，驱散群众，并拘捕九人。杨树基于第三天上禀巡抚韩文绮，韩文绮"随委候补知府梁兰滋立即驰往，先行查报，并令候补道钱俊会同按察司林则徐亲诣该处督拿究办"，"务将首从要犯全数弋获，穷诘实在滋闹情节，勿稍宽纵，录取确供，解省审办"。

惩办凶犯，维护社会稳定，乃是林则徐的分内之事。他不敢怠慢，立即赶赴松江府，调查事件的来龙去脉。数日后，林则徐得出结论，这次事件事出有因，不能全怪饥民。但聚众闹事之罪也不能追究，于是，他确立了审办此案的原则——固不可废法，尤不可穷治。

当时，松江府缉拿的嫌犯已达近百人。如果按照巡抚韩文绮的指示办理，这近百人都要被"解省审办"，事态势必会被扩大化。林则徐自然不愿看到这种情况出现。于是，他仅从嫌犯中将严海观等27人提解到苏州，而将其余违法情节相对轻微的"发交该县就近分别羁押取保，勿致拖累"。

（三）

聚众闹事，冲击官府，乃大案要案，地方司法机构（即按察使司）不敢独断，必须上报巡抚和刑部。林则徐把严海观等首犯提解到苏州后，便将此案提交给巡抚和刑部，并在文件最后附上处理建议，即从宽从轻处理。因为整个案件确实是由于府、县勘灾报赈不力造成的。

刑部看了案情之后，将此案发回江苏，仍由江苏巡抚和按察使处置。巡抚韩文绮主张从重从严审判，以正民风，林则徐坚决不同意。在他的再三恳求下，韩文绮才同意他的处理意见。不久，林则徐公开审理此案，依棍徒因嫌收夹制纠众辱官例，判处流徙以上者17人，其中斩立决仅严海观一人，尽可能地缩小了打击面。

与此同时，勘灾报赈不力的娄县知县李传簪也被革职，发军台效力赎罪；松江知府杨树基交部察议。这就在封建法制许可的范围内，对闹事的一般饥民不加穷治，体现了宽容；又对失职的官吏作出处分，体现了公正持平，从而缓解了官府与饥民的紧张关系，防止矛盾的进一步激化。林则徐这一开明的做法，得到了民间社会的普遍赞赏，故被称为"林青天"。

光绪年间修订的《松江府续志》卷二十一《名宦志》中，记载了这件事，其中写道：

"道光三年……时值大水，郡民诣府署报灾，知府某不善遣民，大扰。事定，系累数十人，狱久不决，株引益多。则徐按郡亲鞫，得为首者置之法，余皆开释，民颂之曰：'林青天'。"

大灾过后，林则徐还积极关注灾民安置、恢复生产等善后工作。林则徐在建议中指出：

"年景不好，土地歉收，官仓的粮食也因赈灾之需逐日减少，如此能用于平抑物价的粮食就少了。这样一来，势必会造成粮食市场的价格波动，不仅奸商会趁机囤积居奇，灾民也会因没钱卖粮食而铤而走险，为祸一方。这些事都是地方官最害怕的事。"

那么，如何才能避免出现这些情况呢？林则徐建议实行"禁雍积，广劝募，招徕商贾，免关税，蠲征缓赋，查贫民，赈饥者"的政策。

所谓"禁雍积"，就是禁止奸商趁灾荒之年囤积居奇，哄抬粮价；"广劝募"，就是广泛发动地方官绅，鼓励他们捐钱捐款；"招徕商贾，免关税"，则是用优惠的政策吸引外地商人调粮进江苏；"蠲征缓赋"，就是能免的赋税一律免掉，不能免掉的就缓征；"查贫民，赈饥者"，就是将赤贫者登记在册，以方面救济。

韩文绮见林则徐分析得有理有据，便毫不犹豫地采纳了他的建议。正因为这些相对开明的政策，江苏一省才在大灾之后基本没有出现剧烈的社会动荡。

与此同时，林则徐还走访各地，要求士绅与官府合作，平粜济艰；鼓励居民农佃"自觅生路"，围圩补种，"即业主之与佃户，亦须一视同仁，不可存私见"。

有一次，林则徐微服来到一处村庄，察看灾后的生产恢复等情况。他远远地就听到耕牛凄惨的叫声，便忙让随从循声找去，看看发生了什么事。

过了一会儿，随从回来复命说：

"启禀大人，前面有饥民杀牛充饥。"

林则徐大惊道：

"真是岂有此理！现在杀了牛，秋后拿什么耕田？"

随从低声道：

"大人息怒！饥民不可能不知道这个道理，不到没办法时，他们也不会宰杀耕牛的。"

农业和手工业等不同，其生产周期长，一旦受灾，没有半年，乃至一年的时间，根本无法缓解。耕牛是中国传统社会中最主要的生产用畜力。如果没有耕牛或耕牛减少，生产率就会下降，从而造成大片土地荒废的现象。土地一旦荒废，又会进一步加剧粮食供应的紧张情况。

也就是说，灾民一旦在大灾之后宰杀耕牛，农业生产就会陷入恶性循环的怪圈之中。然而，为了活命，灾民们根本顾不上那么多，只能杀牛度饥。

林则徐沉思片晌，立即返回苏州，会同巡抚和布政使制定了一条新政策：

"耕牛之无力豢养者，别设当牛局以处之，至春耕发还。"

当牛局大致相当于当时普遍存在的当铺。唯一不同的是，当铺不当活物，只当一些不易腐败、能长期保存的东西。因为耕牛等活物需要耗费大量的人力和物力来饲养，普通的当铺根本无力承担这一巨大的成本。中国历史上曾多次出现类似于林则徐设置的当牛局，但没有一家是民办的，全部都是官办机构。

林则徐借鉴前人的经验，设置当牛局，不但暂时缓解了灾民的处境，也最大程度地保存了耕牛，为江苏一省恢复农业生产提供了强有力的保障。当牛局设置之后，许多有识之士纷纷写诗赞扬林则徐。此后，林则徐在江苏的名声更大了。

1823年（道光三年）底，林则徐奉命上京述职。道光帝对林则徐在江苏的表现十分满意，再加上曹振镛的大力推荐，他连续两次召见林则徐。

鉴于江苏灾后恢复缓慢，道光帝暂时调整了林则徐的职务，将其调任江宁布政使（仍兼任按察使之职，在职但不用负责），负责综理全省的灾赈事务。到任后，林则徐坚决打击奸商，平抑米价；鼓励富户大贾捐钱捐物，配合官府，共赈灾民；组织灾民积极恢复生产，进行自救。通过这些措施，江苏一省的灾民顺利地度过了夏收时节，度过了灾年。

第八章　力除河弊

师夷之长技以制夷。

——（清）林则徐

（一）

随着灾后恢复工作的有序展开，江苏各衙门便开始着手分析造成大灾的主要原因了。经过细致的调查和缜密的分析，各级官员一致认为，造成此次涝灾有两个主要原因：一是天降大雨，二是水道淤塞，无法泄洪。

在这两个原因中，前者乃是人力无法控制的因素，但后者却可以通过人为干预加以改善。江苏巡抚韩文绮将调查结果形成文件，送交两江总督孙玉庭和南河河道总督黎世序。孙玉庭等立即上疏，奏请道光帝下令兴修江浙两省七府的水利。

道光帝批准了孙玉庭的建议，并要他推荐总署江浙两省水利的官员。孙玉庭和黎世序遍观两江的官员，发现唯有林则徐堪当此任。因为林则徐不但"器识远大，处事精详"，而且"水利亦夙所究心"。

于是，孙玉庭便联合黎世序，推举林则徐总办两省七府水利。道光帝对林则徐的表现也很满意，立即下旨，令其赴任。他在圣旨中还勉励林则徐说：

57

"即朕特派，非伊而谁？"

此时，林则徐刚刚年满40岁，正值风华正茂之年。两江官员皆认为，林则徐在此时担此重任，前途势必一片光明，因此纷纷写诗表示祝贺。林则徐也踌躇满志，卸去江苏按察使职事，准备专办江浙七府水利。

到任后，林则徐首先督促查勘吴淞江、黄浦江和娄江（浏河）三江水道，研究疏浚方案。他认为，吴淞江、黄浦江和娄江作为太湖流域最主要的泄洪通道，一旦淤塞，"旱涝皆足为害"。如果再出现1823年那样的水灾，"蠲缓赈贷，不但无入，而又上耗国用，下损民财，贻患匪浅"。

林则徐当即决定，立即展开疏浚工程。按惯例，兴修水利的河工费应由得沾水利的州县分别征摊。然而，江浙两省受灾严重，暂时无法征摊河工之费。因此，林则徐建议两江总督和江浙两省的巡抚，河工费先从藩库调拨，来年再由地方征摊补上。

一切准备工作都在有条不紊地进行着，三江疏浚工程即将开始。然而就在此时，林则徐忽然接到一封家书，原来是母亲不幸病故于福州。按封建礼仪，林则徐必须回乡丁忧三年，且三年内不能在朝中任职，不能处理政务。

林则徐向两江总督告了假，随即带着妻子和子女返回故乡。归途中，妻子郑淑卿又产下一子，即林聪彝。

由于林则徐的突然离职，江浙两省的官吏中"无熟悉两省水道之人"，清廷便将江浙两省水利拆分开来，分别委任官员负责。是年冬，江南"高家堰十三堡、山旴六堡被大风掣坍万余丈"。一时间，洪泽湖水像脱缰的野马，肆意横行。江淮平原的山阴、宝应、高邮、甘泉、江都、泰州、兴化、东台、盐城、阜宁等州县，悉数被淹。百姓背井离乡，哀鸿遍野。

道光帝闻讯大惊，立即召集群臣商议对策，但大臣们谁也拿不出办法。就在这时，江苏、安徽、山东、直隶等省又陆续呈来八百里加急文书。道光帝一一拆看，眉头不禁紧锁不开。

原来，洪泽湖与淮河相连，洪泽湖决口，淮河水大量灌进湖中，导致河水水位严重下降。淮河是清代南漕北运的必经之道，水位下降导致漕运不畅，大量船只拥堵在淮河以南。京师消耗的粮食主要靠漕运供给，漕运不畅就意味着京师的粮食很快就要吃紧了。京师粮食吃紧的危险是显而易见的。这里与皇城近在咫尺，一旦饥民发动暴乱，大清的江山可就不稳了。

道光帝忧心不已，立即下旨：特派大学士汪廷珍、尚书文孚赶赴两江地区督察河务；革除南河河道新任总督张文浩之职，遣戍新疆；两江总督孙玉庭革职留任，寻褫职休致，留浚运河，以漕督魏元煜署两江总督。

（二）

1824年（道光四年）春，林则徐正在福州老家丁忧，忽然接到道光帝的特旨，命其戴孝赶往江浙督修堤工。林则徐猜想，江浙的河工事务肯定出了大事，否则，道光帝无论如何也不会让他在这个时候前去负责的。

仲春时节，林则徐怀揣谕令，身着素服，不用顶戴，乘船赶往江浙。初夏，林则徐赶到高家堰六堡二堤的工地。当时，朝廷尚未给他委派具体的职务，但他看着眼前的凄惨景象，心中不免感慨万千。

当天下午，林则徐就从高家堰六堡开始，一路向南，逐段验勘工堤。他从高家堰六堡查看到十三堡决口处，又由十三堡决口处向南查到山盱厅的古沟，复由古沟迤北看工至堰、盱交界的风神庙，再由风神庙迤北到高家堰十四堡，最后折回六堡。

据史料记载，林则徐沿途驻扎工地，"与僚佐孜孜讲画，毫无倦容"。他做事一贯勤勉，返回六堡寓所后，又天天前往邻近的工地查看工程进度。

不久，林则徐又到清江谒见署两江总督魏元煜。第二天，圣旨便到了，令林则徐与邹锡淳、陈云等分段督催，林则徐具体负责山盱工段。分工明确后，林则徐火速返回工地，由高家堰六堡移寓山盱蒋家坝，住在二帝宫内。

兴修河工并非一朝一夕之事，漕运受到了很大的影响。随着时间流逝，京师的粮食供应日渐吃紧，道光帝整日愁眉不展，思索对策。一日，他忽然想起漕运开始之前，南粮均是通过海运抵达京师的，遂下旨令江、浙督抚筹议海运。

然而，道光帝的这一命令立即遭到了群臣的反对。大臣们纷纷以本朝向无海运一事为由，"以为不可"。不久，户部尚书、协办大学士兼翰林院掌院学士英和奏陈：

"河、漕不能兼顾，惟有暂停河运以治河，雇募海船以利运。"

道光帝终于找到了一个知音，心下大喜，遂再次下旨有关各省督抚妥议。署两江总督魏元煜原本反对海运，力主盘坝接运，接旨后，他一面向主管江苏河务的贺长龄等征询意见，一面派人去请林则徐。

林则徐抵达清江后，魏元煜亲自出迎。两人寒暄过后，魏元煜便将群臣关于"海运南漕"的争议告诉了他。

林则徐问：

"大人是何意见？"

魏元煜回答说：

"本朝向无海运南漕之事，骤行海运，恐有不妥。"

林则徐又问：

"何处不妥？"

魏元煜说：

"海上风浪甚大，航道不明，再加上贼寇横行，如何保障安全？"

林则徐笑道：

"大人多虑了。上海沙船数以千计，每年往来关东、天津与上海之间三四次，怎么能说航道不明呢？至于贼寇，自嘉庆年间厉行打击之后，已经销声匿迹多年了。就算偶有贼寇出没，必然不是我大清水师的对手。"

魏元煜诧异地说：

"这么说来，少穆赞成海运南漕？"

林则徐说：

"海运南漕，百利而无一害。沙船历来以南行为正载，北行为放空，每每北上关东、天津，都要在吴淞口雇人挖草泥压船，有运输漕粮的潜力。实行海运南漕，利官又利商，可谓一举两得。"

魏元煜沉思片晌，对林则徐说：

"少穆稍歇几日，待贺大人的复信到了，我们再做商议。"

几日后，贺长龄的复信到了。他在信中的意见是：

"海运可行，万举万全，更无疑义。"

魏元煜终于改变态度，决定明年试办，实行海、河并运。林则徐代魏元煜起草复奏海运事宜折稿后，又返回工地，继续督催河工。

（三）

在工地上，林则徐一丝不苟，即使下雨天也坚持查工。他经常身着素服，徒步跋涉在泥泞之中。如果是不相识的人，谁也不会想到，眼前这个满脸沧桑的中年汉子竟然是朝廷的三品大员。

不久，林则徐接到了工部和吏部的联合公文，说新任陕西巡抚伊里布和山东巡抚琦善不日将到高家堰察看工程，令林则徐陪同。林则徐虽然讨厌官场上的迎来送往，但朝廷之命又不能不遵。

这是林则徐与琦善的第一次直接交往，两人对彼此的印象似乎还不错。但当时他们谁也不会想到，多年后，他们会在禁烟抗英问题上成为死对头。

仲夏时节，琦善调任两江总督，陶澍调任江苏巡抚，魏元煜仍回任漕督。道光帝遂命陶澍筹办明年海运。陶澍在贺长龄、魏源等人的襄助下，决定以苏、松、常、镇、泰五府州漕粮163万余石归海运，雇用沙船，由上海启运。

陶澍还与琦善联名上奏，保举林则徐具体负责此事，道光帝也批准了。但就在此时，林则徐却病倒了。他的身体本来就不太好，再加上长期在工地上风餐露宿，终于一病不起。林则徐在日记中记载了自己此次的病情：

"面目手足尚属虚浮，畏风如虎，房门之外，不敢举步，夜间亦多不寐。"

一直到初秋时节，林则徐督修的河务已基本完工，他才辞离工地，访良医诊视。林则徐这一病数月，自然无力承担筹办海运的差使。经琦善代奏，得到道光帝允准后，林则徐便自江苏返回福州养病去了，同时继续为母守孝。

林则徐在家住了一年有余，直到道光六年春才带着家眷动身进京。丁忧期间，道光帝曾下旨令林则徐以三品卿署两淮盐政，但他以"病疟日久，身体软弱，不克支持，一时实难就道"为由拒绝了。

北上途中，同僚间免不了诗酬唱和。因此，林则徐在苏州流连数日，其间还不知从什么地方得到了一个治疗鸦片烟毒的方子：

"查得服鸦片膏被毒暴死者，用活鲫鱼一尾，清水一碗，捣如泥烂，灌入口中，即能直入肺腑收毒，有一日夜之久，便可复生。曾有人气绝三日，用此法救甦，系经验极妙之方。"

且不论这剂野方子是林则徐从哪里得来的，单说这样的方子能在民间流传，就足以证明当时鸦片流毒之严重。林则徐苦心孤诣地搜集治疗鸦片烟毒的方子，也说明他很早就开始重视禁烟的工作了。

抵京之后，林则徐被派往西安，出任陕西按察使兼署布政使事。林则徐接了圣旨，但心中颇为不悦。关中距离福州较远，迎养老父多有不便。母亲已经病逝，如果父亲再有什么三长两短，孝顺的林则徐势必会遭遇更大的打击。

道光帝似乎觉察到了林则徐的心情。几日后，林则徐进宫请训（地方大员赴任前必须入宫听皇帝的训诫，名曰请训），道光帝安慰他说：

"朕知道爱卿熟悉江浙的情况，理应派往江浙任职，然而，此时西方有事，你且先去。"

当时，新疆发生了准格尔叛乱事件，陕甘总督杨遇春统兵出关平叛，陕西转输粮饷，事务繁剧。林则徐知道道光帝不久就会将他调移近省，心中稍稍舒服一些。

初夏时节，林则徐取道直隶、山西，前往陕西任职。道光帝没有忘记对林则徐的承诺，江宁布政使刚一空缺，他就下圣旨将林则徐调任江宁。此时，林则徐尚未抵达西安。不过，由于新任陕西布政使方载豫尚未到任，林则徐必须暂留陕西，以代其职。

林则徐一边暂行陕西布政使之责，一边遣人赶赴福州，准备把老父和弟弟林霈霖一并接到江宁团聚。初冬时节，弟弟寄来家书，说他和父亲已于10月18日自福州起程。11月上旬，林则徐又接到父亲从浦城寄来的亲笔信，称途中眠食安健。

然而，仅仅十余天后的12月7日，林则徐突然接到浙江省方面发来的讣告，说父亲已于11月14日病逝于衢州。林则徐痛哭流涕，日夜驰往衢州，扶柩返回福州，为父守制丁忧三年。

林则徐一生反对摆阔气，讲排场，重工作实效。在主考江西乡试时，江西巡抚为其备了八座肩舆，即民间所说的八抬大轿。林则徐力辞之，遂改为四人。但到了入闸那一天，面临时仍备八座，林则徐无可奈何，这才坐了。但他后来为这事愧疚了很久，甚至写日记自责。

第九章　经手夷务

行止不端，读书无益。

——（清）林则徐

（一）

乡居期间，林则徐竭尽其能，做了一些对乡民有益之事，又与福州的官绅名士诗酬唱和，写了很多诗，漫长而又短暂的三年便过去了。

1829年（道光九年）初夏，林则徐服阕抵京。5月27日，道光帝召见了他。遗憾的是，由于一时无布政使缺可补，他只好留京"侨居静俟"，直到8月17日，才接旨赴湖北任布政使。

林则徐在湖北布政使任上尚未做出什么成绩，就又于次年初接到调任河南布政使的命令。1830年（道光十年）初春，林则徐在开封接任河南布政使。

这年的夏天，京杭大运河在江苏江苏马棚湾、十四堡等处溃口，冲决圩围，酿成大水灾，江北广大地区，"村庄田庐荡然"，"多有灾民于沿堤搭棚栖止，亦有乘坐小舟逃荒外出者"，连省会江宁，亦被水淹。一时间，江苏一省受灾面积达66个州县，8个卫所，灾情更甚于林则徐任江苏按察使那一年。

初秋，林则徐接到两江总督陶澍、江苏巡抚程祖洛的紧急会咨，请求他积极配合江苏官府赴豫采买米麦，赴灾区平粜。江苏是林则徐任职最长的地方之一，他对那里感情深厚，因此接到消息后，立即组织人力，配合江苏官府采买小麦。

江苏方面要求的是小麦和大米并购，但林则徐考虑到河南一省仅南部的信阳几个州县生产大米，只够供应本省，无法接济江苏，便致书江苏巡抚程祖洛，建议专买麦石，"小米如尚可资济食，并祈速赐示知，以便购办，较之专买麦石者，取材又觉稍宽矣"。

根据以往在江苏办理灾赈的经验，林则徐还建议允许米商贩运；劝谕苏省城乡大户和有谷之家，平粜济贫；确查户口，抚恤赈贷。

两江总督陶澍赞赏林则徐的务实作风和主张，出奏调他到江苏主持灾赈事务。道光帝同意了陶澍的奏请，即令林则徐调任江宁布政使。

1831年（道光十一年）8月21日，林则徐接到调任江苏的命令，次日即动身南下。他考虑到采办赈粮和勘灾的需要，决定不按驿程由皖入苏的定制，径自河南归德府，取道徐、淮、扬、镇以达江宁。路经商丘县刘家口时，他采买小麦三万石，装运西河牛船由黄河顺流而下，以急苏省赈灾之用。林则徐采取的这些措施，对江苏的灾后恢复起到了极其重要的作用。

1831年短短的一年时间，林则徐便周历湖北、河南、江苏三省。他那干练的才能和务实的作风受到了朝野的瞩目，一时贤名满天下。当时有人赞誉他说：

"至儿童走卒，妇人女子，皆以公所莅为荣，辄曰：'林公来，我生矣！'至以公所行政，播诸歌谣，荒村野市，传之以为乐。本朝自陈恪勤、陈文恭后，长吏声誉之盛，无与公并者。"

这些赞誉林则徐的话很快传到了宫中，道光帝大喜。这年11月10日，他便以林则徐"出膺外任已历十年，品学俱优，办事细心可靠"，擢升他为东河河道总督。

自古以来，盐务和河工都是与民生联系最紧密，也是最容易滋生腐败的部门。林则徐虽然没有具体负责过河务，但却有几个月督修河工的经历，对此了然于胸。他深知河工的贪污之风已成尾大不掉之势，而自己又无力扭转这种局势，遂上奏历陈自己不谙河务，不适合担当总河重任。不如仍遵前旨，前往淮、扬一带查勘督办赈抚事务。

道光帝何尝不知道他的臣子们经手河务，贪污中饱，已成积习呢！对此，他曾骂道：

"此皆自顾身家之辈，因循苟且，尸禄保身，甚属可恶！"

因此，他很想找个人前去整饬一番。而遍观满朝大员，除了林则徐，还有谁能担此重任呢？

更何况，历来派出的河臣，代代相因，"官官相护之恶习，牢不可破"，他"恐熟悉河务之员深知属员弊窦，或意存瞻顾，不肯认真查出"。而林则徐非河员出身，"正可厘剔弊端，毋庸徇隐"。

所以，在接到林则徐恳辞的奏折后，道光帝不但没有改变主意，反而下谕林则徐即赴新任，不得再辞，还特地训诫谆谆，付以挽回积习的膺命：

"一切勉力为之，务除河工积习，统归诚实，方合任用尽职之道，朕有厚望于汝也。慎勉毋忽！"

这年冬天，林则徐赶赴山东，出任东河河道总督，负责管辖山东、河南两省境内黄河、运河的防修事务。

林则徐到任时，正值严冬，霜降水落之后，刚好是清理河道、整修堤坝的大好时机。为此，林则徐立即督促运河两岸各厅汛煞坝挑河，插锹兴工，同时命令鲁、豫两省黄河地段属吏，防备黄河上的积冰冲击堤岸。在接下来的几个月中，他的足迹遍布河南黄河沿岸，事必躬亲，收效很大。

（二）

1832年（道光十二年）初春，林则徐正在河南查验工料，突然接到补授江苏巡抚的谕令。江苏一省素来富庶，尤其是江南地区，当时有这样一种说法：天下赋税半数出于江南。由此可见，江苏的富庶程度绝非一般省份可比，大多数外放的官员都期待着能到江苏任职。

然而，林则徐接到这一任命后却喜忧参半。喜者，他在江苏任职多年，熟悉当地的政务，更兼江苏距离福州老家相对较近；忧者，江苏的富庶几乎已成为记忆中的事情。自道光帝登基以来，江苏地方上水旱频仍，经济残破，官场腐败，民生凋敝。朝廷定额的漕赋年年催征不齐，民间颠沛苦痛更不待言。积贫积弱，愈积愈深，酷似"日之将夕，悲风骤至"的情景。

每每想到这些，林则徐都忧心不已。当然，他之所以忧心，主要并不是因为天灾，而是因为人祸。当时，贪官污吏横行，无孔不入。单就漕运而言，州县衙门在定额之外加收数成，旗丁、胥吏又在实际操作中于州县定额的基础之上再加收数成，弄得许多百姓不堪重负，纷纷抛荒土地，远走他乡。

这还只是征收过程中的腐败，运输过程中的腐败现象也不亚于此。漕船经由处所，一切与漕运相关的衙门都要从中抽取好处，无一例外。这种腐败现象已经积重难返，林则徐也想不出应对的办法。所以，他对出任江苏巡抚一职顾虑重重。

林则徐接到调令之时，正值青黄不接之时，江苏尚未从去年的灾荒中恢复过来，不少地区仍处在大饥荒之中。林则徐在查验料垛之后，暂留河南，巡防黄河的桃花汛（即春汛，由于多发生于阳春三月，故曰桃花汛）。此时，江苏官府纷纷派员到山东、河南采购赈灾用的米麦，林则徐也在刘家口采购了两万石麦子。

初夏，林则徐卸任东河河道总督，冒暑南行，前往江苏就任。刚进入徐州府地界，林则徐就惊得说不出话来。大灾之后，江、淮一带又发生了大疫，百姓饿死、病死者不计其数。然而，为满足漕运之需，官府依旧催逼租税。

林则徐正思索着如何收拾这个残破的局面，历史上著名的胡夏米事件便爆发了。胡夏米本名林赛，英国人，乃是英属东印度公司广东商馆职员。当时，英国每年对华输入的鸦片已经超过一万箱，每年从中国掳走的白银不计其数。然而，英国殖民者依然不满足，准备对华实施鸦片输入和军事侵略双管齐下的方针，企图用鸦片和大炮的双重威力打破清政府对外贸易的限制。

1831年初，英属东印度公司让林赛化名为胡夏米，冒充"阿美士德"号船的船主，又派德国传教士郭士立担任他的助手，对中国进行侦察活动。郭士立是东印度公司的翻译兼医生，多年从事鸦片走私活动，会说广东话和福建话，到过中国的许多地方，熟悉中国的风土人情。

胡夏米等人纠集了70多人，自澳门出发，先后抵达南澳、厦门、福州、宁波等地。每到一地，他们就打着"通商"的旗号，向当地官府递上一份传单，以及《英吉利国人品国事略说》等小册子，要求进行贸易。他们还以替人治病为名义收买人心，引诱人们信教，暗地里却派人沿途测量河道和港湾，绘制航海图，了解各地的地形、物产及商品贸易等情况，刺探中国方面驻扎军队、武器装备等军事机密，并一一做了详细记录。

他们发现，中国沿海防务废弛，各地炮台年久失修，有的既无人驾炮，也无人守卫；有的炮台质量很差，不堪一击；中国士兵装备简单，只有一把刀和一面藤牌，或一杆长矛，或一支火枪；中国的战船也没有多大战斗力。

在闯入宁波后，胡夏米等人甚至得出结论说：

"清朝的国力十分虚弱，秩序非常紊乱，采取商议的办法不会取得任何结果。对中国必须采用武力征服。整个中国舰队，也不敌一艘英国战舰。"

胡夏米的这些论断不免有浮夸之嫌，但清朝水师远远落后于英国海军却是不争的事实。

（三）

离开厦门后，胡夏米一行又沿着海岸线北上，来到上海。当时的上海并不像今日这样繁华，不过是江苏省的一个县而已。清政府实行闭关政策，不允许居民与洋人通商，也不允许洋人到划定的通商口岸以外地区进行贸易。胡夏米闯关进入上海海域的吴淞口，触犯了大清的律例，按例应驱除出境。

胡夏米驾船闯关，看似小事，实则是大事。一切涉及外交关系的事件都必须谨慎处理，一旦处理不好，就有可能引发两国的敌对关系。道光帝连续接到胡夏米驾船闯入广州以外的闽浙海口，"贪图贸易"的奏报，三令五申地令沿海督抚严加驱逐，不准内地居民与其接触。然而，胡夏米却将船停泊在吴淞口外，借口风浪太大、无法开船而故意赖着不走。

他们还装出"遵守"命令的模样，不做买卖，不和内地民人接触，一心一意地探测长江和黄浦江水道，观察记录中国南北各地商船出入上海贸易的情况，甚至以"参观"为名，登岸窥探清兵军营的武器装备。

因此，当林则徐闻知胡夏米闯入吴淞口之后，不得不停下手中的赈灾工作，将其作为自己到任后的第一件大事加以处理。7月5日，林则徐令苏松镇总兵、署江南提督关天培等人，立即将胡夏米船驱逐出境，由水师押往浙江。

7月8日，胡夏米等人在关天培所率水师的驱逐下，起碇驶离吴淞，假意南返。关天培遂放松警惕，并向林则徐作了汇报。林则徐总算松了口气，随后便上疏道光帝，将事情的来龙去脉说清。在奏折的最后，林则徐还建议说：

"夷情狡诈，贪图贸易，显违定例，兼有内地奸民乘机勾串，别滋事端，不可不严为防范。"

然而事实上，胡夏米并未返回广州，而是半途折回，北上山东沿海，于15日出现在刘公岛海面。不久，道光帝接到了山东方面的汇报，勃然大怒，责问林则徐说：

"爱卿不是说胡夏米已在关天培等人的驱逐下南返了吗？现在为何又出现在刘公岛海面呢？"

林则徐惶恐不已，只好从胡夏米等"亦知例禁綦严，不准贸易"，却敢明知故犯，推测"恐该夷船尚有夹带违禁之鸦片烟土等物，在于海口勾串奸商，哄诱居民，私相授受"；又从"该夷船从未到过江、浙海口"，"乃敢于到处停泊，投递禀词，恳求贸易"，推测"恐有汉奸从中指行，或代为主谋，皆所不免"。

他还向道光帝保证说，如果胡夏米船再次停泊江苏海口，他将立即密派文武大员上船查个究竟，"如有鸦片烟土等物，饬令尽数起除，传同夷兵当面焚烧，毋许稍有留剩……密访船内汉奸，指名查拿，令其自行交出，以便讯明，从重奏办"。

林则徐的推测显然是错误的，通过搜查也未必能弄清全部真相。不过，明清两朝在绝大多数时候都实行海禁，即闭关锁国政策，中国官员无法了解海外的局势，更不可能猜到西洋人的真实意图。从这一点来看，林则徐对胡夏米事件作出错误的判断也是情有可原。更何况，他严禁鸦片的态度是对的，注重调查研究的精神也是可贵的。

道光帝看了林则徐的奏章，首先害怕起来。他担心搜查会"别生枝节，致启衅端"，因此反对林则徐即将采取的措施。有历史学家认为，道光帝这样做，表明了他对外国侵略者既仇恨又恐惧的心理和顽固愚昧的态度。但这一点尚有待研究，因为当时的道光帝并未意识到中国已远远落后于西方，尚且做着"天朝上国"的迷梦，不大可能对英国人产生恐惧心理。

后来，胡夏米船窜到山东刘公岛之后，便折往朝鲜，然后经过琉球返回澳门，再也没有到江苏来。林则徐既然没有机会验证他的推测，也就更不可能揭开胡夏米船事件的秘密了。

驱逐胡夏米船事件，是林则徐首次经手办理的"夷务"。这次事件，与林则徐一生最大的事业——禁烟抗英有着密切的关联，后来英国发动鸦片战争的作战方案，其蓝本便是胡夏米根据此次侦察的结果。

林则徐不但诗文独步一时，书画也自成一格。据说，他临欧阳询的《皇甫诞碑》、颜真卿的《送刘太冲序》、敬客的《王居士砖塔铭》等，几乎可以乱真。

第十章　督办漕务

有容乃大千秋几？无欲则刚百世师。

——（清）林则徐

（一）

不久，林则徐就把胡夏米事件置诸脑后了，因为当时他要倾力去对付的还不是"夷务"，而是积堆如山的漕务和灾务。林则徐抵达苏州后，受到当地百姓的热烈欢迎，士绅百姓听说他来了，"出境讴迎者数万人""列肆香烟相属，男妇观者填衢，欣欣然喜色相告曰：林公来矣"。

然而，林则徐的到来也未能改变江苏两面受灾的局面。盛夏时节，江南一带晴空万里，酷暑逼人，大地龟裂，旱情严重，而江北洪泽湖附近的州县却因湖水大涨，承受着洪水的煎熬。徐州府所属各州县也大雨滂沱，终于导致黄河暴涨，被淹的村庄田地不计其数。

8月下旬，林则徐奉命自苏州前往江宁监临江苏乡试，顺便考察了沿途州县的旱情。就在这时，林则徐接到报告说，桃源县监生陈端、生员陈堂等土豪劣绅为保自家田亩的安全，纠合多人盗决桃南厅龙窝汛于家湾十三堡黄河大堤，导致黄水决堤90余丈，将水注入已经水满为害的洪泽湖中。

　　"全黄入湖，滔滔下注"，只一两天工夫，决口附近的黄河堤岸继续崩坍，决口以下的河道已经断流，洪泽湖周围的灾区迅猛扩大，淮扬一带成了一片汪洋。

　　陈端等人这下闯了大祸。洪泽湖水暴涨，黄河下游断流，清廷的漕运孔道有被切断的危险。警报传来，林则徐不待文闱撤帘，立即自江宁起程，于10月2日赶到扬州，沿途查勘水势；9日又赶到清江浦，一面视察黄河决口处和湖水出路，一面严讯挖堤要犯。

　　道光帝闻知这一讯息后，勃然大怒，立即下旨令林则徐限期捕获全案罪犯、人证，移交两江总督陶澍会同钦差大臣穆彰阿办理。穆彰阿是满清贵族，嘉庆十年的进士，自道光八年（1828年）入军机处任军机大臣，颇受道光帝的器重。历史记载，穆彰阿"终道光朝，恩宠不衰"，"在位二十年，亦爱才，亦不大贪，惟性巧佞，以欺罔蒙蔽为务"。

　　10月23日，陶澍、穆彰阿相继赶到清江浦，接办案件，林则徐遂于26日南返苏州。但由于首犯陈端逾限追捕无获，林则徐受到了降五级留任的处分。这是林则徐为官十余年来第一次受到处分。

　　黄河决堤案算是告一段了，但林则徐仍不敢掉以轻心，因为前面还有比这更令人焦头烂额的事在等着他，那就是只能用一堆烂摊子来形容的钱漕事务。

　　江苏一省的漕务素来比其他省份繁重，尤其是江南地区。据史料记载，仅苏州、松江、常州、镇江四府和太仓一州所摊的漕务，就比浙江一省的漕粮多一倍，比江西多三倍，比湖广地区则多十倍以上。

　　林则徐上任之前，就为这件事发愁。上任之后，他就更愁了。且不说当时的江苏连年受灾，就是正常年份，也很难把这些名目繁多的税、费、粮全部收缴上来。在各地考察时，林则徐发现，赋税收不上来并非因为各州县衙门征缴不力，也并非百姓故意抗税，而是确实无粮可交。

　　如此一来，林则徐就陷入了一种两难的境地。一方面，他很清楚朝廷摊派给江苏的漕务极不合理，很同情百姓的处境；另一方面，作为朝廷命官和地方大员，他又不能不保证朝廷的赋税收入。

在这个二选一的难题面前，林则徐最终还是艰难地作出了决定——站在朝廷一方。他以限期征缴的办法处理了几个州县的官吏，总算勉强地办齐了当年的漕务。在致友人的一封信里，林则徐感慨万千地说：

"弟回苏浃月，无日不向所属索债，如米价存库及新钱粮漕项，皆不能不加紧严催，而积重难返之情形，实非语言所可殚述。现将交代各案，勉强复奏，其万难之状，尚不敢径遂直陈耳……此间多做一日，总多一日謷尤！"

在给另一个朋友的信中，他又指出：

"近来江浙漕运已成不治之症，定例冬兑冬开者，今春兑夏开。天庾正供，尚复如是，则泛舟之役可知……江苏之病，更比吾闽为难治者，以'局面太大，积重难返'二语尽之。"

（二）

林则徐知道严饬紧催，无异于剜肉补疮，到头来受苦的还是"小户之良民"。但他也没什么好办法，只能"先计一时"，不敢"求治过急"，生怕各级官吏明抗暗拒改革，引起漕务决裂。

刚刚办完当年的冬漕，林则徐就开始思考起漕务的改革方案了。据史料记载，林则徐至少提出了四种可供选择的方案，有"正本清源""补偏救弊""补救外之补救""本源中之本源"等。"补偏救弊"和"补救外之补救"两种是"先计一时"的临时性措施，用以保证当年的漕务，而"正本清源"和"本源中之本源"则是"勉图经久"的重大改革。

"正本清源"，是指改革现行的漕政制度，实行"县督帮收"，使漕运"自南至北皆无例外苛求"，以"杜州县之浮收，绝旗丁之勒索"。显然，这种牵一发而动全身的方案实施起来会相当困难，不但需要重新审定县、帮办公用度款项，还要裁汰疲帮军船，酌减闸坝关缆，甄别候补卫弁，核实通仓使费，清丈顷亩，稽核卫地，等等，一时难以骤改。

"本源之本源"，是指取消漕政，用在畿辅一带治水造田、发展农业生产的办法来取代南粮北运，解决京师的粮食供应。这一点，他在《北直水利书》中已经提了出来。毫无疑问，尽管这一措施对恢复江南的农村经济，发展北方的农业生产，增加清朝财赋收入，缓和阶级矛盾等，都有很大的帮助，但势必会动摇涉漕机构的切身利益，根本无法全面展开。

更何况，江苏巡抚只有部分参与漕政的权利，东南六省的督抚，主管漕务的仓督、漕督，主管河道的东河、南河河道总督，各有各的主见，林则徐提出的方案也只能供他们参考罢了。所以，林则徐提出的许多措施根本没有付诸实践的机会。

在紧张的工作中，林则徐送走了令人焦头烂额的1831年。新年到来之际，疲惫至极的林则徐多么希望1832年（道光十二年）会是一个好年景啊！然而，事情却偏不遂人愿。1832年的年景非但没有改善，反而比去年更加饥凶。

夏秋之际，江淮和徐州府一带大雨滂沱，洪泽湖水暴涨，周围一片汪洋，庄稼几乎颗粒无收。长江沿岸的日子更不好过。从上游贵州、四川、湖北、湖南、江西、安徽涌来的长江大潮，凶猛地冲击着两岸堤埂，首先冲破了上元、江宁、句容、江浦、六合、江都、仪征、丹徒等县的圩堤。到了9月16日、17日，更是雨大风狂，通宵达旦，沿江十分之七八的府县都被江水淹没了。

太仓、镇洋、嘉定、宝山等四州县有幸躲过了一劫，未被水淹，当地百姓多少获得了些安慰。俗话说，"躲得过初一，躲不过十五"，用这句话来形容当年的太仓等州县是最贴切不过了。太仓等地向来多种棉花，男妇纺织为生者十居五六。当地虽然没被江水淹没，但到了深秋季节却遭遇了罕见的暴风雨。一连数月，天空乌云密布，风雨不停，占农作物十之七八的棉花全部烂在地里。

接二连三的天灾和沉重的漕务把百姓压得透不过起来。农民吃了上顿没下顿，以纺织为业的手工业者也因为缺少原料而陷入歇业状态，全都鸠形鹄面，扶老携幼，到处流亡，甚至连一些地主都因未得收租而忍饥挨饿。

当州县官员把这些情况上报给林则徐时，林则徐还半信半疑。如果说这种事发生在他曾经任职的湖北、河南等省，他肯定会相信。富甲天下的江苏，怎么会一下子陷入如此严重的饥荒中呢？

带着疑问，林则徐于立冬前后亲自坐着小船前往各处察看。这一看不要紧，他完全被眼前赤地千里的景象惊呆了。

（三）

返回苏州后，林则徐连夜拟写公文，遣人送往两江总督陶澍处，与其商议，准备联名上疏，请求道光帝缓征江南漕赋，拨发赈银，以解民困。

陶澍看了林则徐的汇报后，也忧心如焚。他在给林则徐的复信中指出：江苏巡抚并无办理漕务之全权，且朝廷素有定例，请求缓征赋税必须在秋收之前完成。如今，少穆不得越权，而且上报也已过了期限，恐怕会引起圣上的震怒。

就在这时，军机处发来了道光帝的谕旨，其中训斥说：

"近来江苏等省几于无岁不缓，无年不赈，国家经费有常，岂容以展缓旷典，年复一年，视为相沿成例……该督抚等不肯为国任怨，不以国计为亟，是国家徒有加惠之名，而百姓无受惠之实，无非不堪下吏私充囊橐，大吏祇知博取声誉。"

接到这样一份圣旨，林则徐几乎绝望了。然而，昼夜听到风雨的飘摇和灾民的呼号，想到百姓随时有可能被饿死，林则徐最终决定冒死上疏，请求缓征。他不愿连累两江总督陶澍，遂以个人名义写了奏折。

林则徐在奏折中历陈江苏受灾之严重，争取缓征，以达"多宽一分追呼，即多培一分元气"的目的。他还特别指出，损上益下，暂纾民力，是十分必要的；否则，追呼敲扑，竭泽而渔，农民就要起来造反了。

奏折最后，林则徐还仿照明代周忱的酌剂公私田加耗减耗之法，提出了名为"暗减"的缓征办法，也就是百亩之中有二三十亩受灾，即将百亩一律请求缓征数分，并免于造册。

道光帝接到林则徐的奏折，不禁大怒，立即密令两江总督陶澍追查林则徐奏请常州府属一律普缓并免于造册一事。造册就是做账。不做账而大面积地实施缓征，太容易舞弊了。

陶澍与林则徐共事多年，很了解他的为人。他不相信林则徐对常州一府实施缓征并免于造册是为了徇私舞弊，所以事先向林则徐透了口风。

当时的通讯并不像今天这样发达，林则徐的奏折从苏州到京城，道光帝批复后又发往江宁，然后陶澍再写信给林则徐，这就要几个月的时间。等陶澍的信到林则徐手中时，时间已是1833年（道光十三年）初了。

接到陶澍的信，林则徐欣慰地笑了。他想：

"在这个污浊的政坛上，到底还是有人了解我林则徐啊！"

当天，林则徐就给陶澍写了回信，在信中剖明了对常州一府普遍实施缓征的缘由，指出这样做，一是为"俯顺舆情"，二是为"杜弊"。"常郡农田一律成歉……虽彼县与此县略有轻重之分，而一县之中，实系情形如一。若必强为区别，则禾之已割者什九，而未割者尚不及什一，不能以腐落在田者为歉，而成堆霉烂者为非歉，转失情事之平。且具呈报歉之民，庄庄萃集，亦必不能此准彼驳，畸重畸轻，转于舆情不顺。且通县普律酌缓，正以杜胥吏高下之弊。譬如准缓一分，则每户额征一斗者，今冬先征九升，以此推之，户户皆然，村村一律，吏胥即欲轩轾，而无可握之权，给费者不能增一分，不减费者亦不致减一分，则其无从索费也必矣"。

林则徐这段话的大致意思是：普遍实施缓征对农民来说相对公平，而且负责征收的吏胥没办法造假。

不过，为了照顾道光帝的情绪，林则徐还是提出了这样一个方案，即依然实施缓征，"但饬添造图册"，即把账做上。他还表示，如果"将来侍有应得处分，自当独任其咎"。

信送出去之后，林则徐还意犹未尽，又提笔写了一封，向陶澍解释自己先前提"出免于造册"的原因。他说：

"彼时州县之心，尚在希图多缓……侍见常属各县亦极观望，与其未奏而叠禀请增，不如奏定而无可更改。彼时命意如是，致奏内转欠空洞，又欲杜绝书吏使费，故准办普缓并准免造图册。凡此皆吃力不讨好，钝滞之人所为也。吏胥之于办灾，未有不愿高低而愿画一者，有册斯有费，故乐于造册而不乐于免造……"

用现在的话来说，林则徐之所以提出免于造册有两个原因：其一，普遍实施缓征没有造册的必要，因为每家应该少征多少，数目很清晰；其二，免于造册不用支付书吏（记账的会计）费用，可以降低征收成本。

陶澍听了林则徐的陈述后，毫不犹豫地选择与林则徐站在同一条线上。因此在复奏中，他支持了林则徐的建议。

道光帝收到奏折后，无可奈何，只好同意对常州一府实施普遍缓征。据说，这一消息传开后，江苏一省都沸腾了，林则徐的名声也更响亮了。有人记载道：

"大江南北数十州之远，亿万户之众，虽乡曲妇人孺子绝不知大吏名氏者，独于公（则徐）名氏甚熟，莫不知其为好官。"

第十一章　鸦片泛滥

社燕逢春留好语，地无寒谷春常在。

——（清）林则徐

（一）

道光帝同意缓征江苏的漕务后，林则徐便集中全力进行赈灾和灾后建设工作。林则徐对赈灾工作已经颇有经验，又有陶澍的指导，实施起来不但轻车熟路，还提出了许多富有建设性的意见。

对灾后重建工作，林则徐也干得有声有色。他一边大力在江南地区推广双季稻（实际效果并不明显），一边兴修水利，以保证旱涝有资。到1836年（道光十六年）左右，江苏一省的水利工程已经颇具规模，对灾后恢复工作起到了很大的作用。

正因为林则徐一心一意为民办实事，又忠于朝廷，不但受到了广大百姓的衷心拥护，也得到了陶澍和道光帝的欣赏。1835年（道光十五年），陶澍曾两度进京述职，林则徐也在他的大力推荐下两度署理两江总督兼两淮盐政。在此期间，林则徐在魏源等人的协助下，做了两件大事：一是改革盐务，二是推行币制改革，以遏制银贵钱贱的问题。

林则徐曾署理过一段时间的浙江盐运使，对盐务并不陌生。不过，在两淮推行盐务改革也不容易。且不说盐务这一块历来是朝廷最为头疼的事情，单说官府、盐商、走私者、地方恶霸等几者之间错综复杂的关系，就足以让盐务改革胎死腹中了。好在林则徐顶住了压力，始终未向既得利益者妥协，终于在这一方面取得了不错的成绩。

林则徐在币制改革方面的成绩也不小。清代除在新疆天山南路八城使用"普尔钱"，在西藏使用西藏银钱外，全国绝大部分地区实行的都是银两和制钱并行的货币制度。银、钱之间的比价，一般是一两纹银兑换一千文制钱。

乾嘉时期，由于中国在对外贸易中长期处于出超地位，英、美等资本主义国家商人来华购买丝、茶等土特产，几乎要完全支付银币（中国人称之为洋钱）。正因为如此，中国曾一度出现过钱贵银贱的现象，一两纹银只能兑换600—800文制钱。

由于洋钱大量输入，且种类繁多，行使地区不一，比价亦因地因时而异，在一定程度上引起了国内币制的混乱。不过，在道光中期之前，洋钱对中国币制的冲击尚在可控的范围之内。

19世纪30年代之后，由于美洲金银减产，世界经济步入萧条，中国茶、丝出口疲软，外国鸦片走私激增，对外贸易年年逆差，洋钱输入从减少到中断，中国的白银从外溢转为外流，银贵钱贱的现象日益显见。

白银大量外流，导致银贵钱贱。当时，一两纹银已可以兑换制钱约1600文。这种不正常的现象不但极大地冲击了中国的币制，也给广大农民和手工业者带来了沉重的负担。百姓将仅有的少量农副产品出售，只能换回制钱，而缴粮纳税又必须折合成银两。银价上涨后，无疑再一次加重了百姓的负担。

道光帝多次下旨，令洋钱盛行的福建、广东、江西、浙江、江苏等地督抚禁止洋钱流通，解决钱贱银贵的问题。然而，由于当时尚未有人意识到外商对华走私鸦片是造成白银外流的主要原因，中国也未形成系统的货币理论，想从根本上解决这一问题是不可能的。

林则徐也没能看到这些问题。但是，他根据自己在东南地区多年的体验，开始觉察到鸦片输入对"银荒"所起到的突出作用，同时也看到了货币制度和货币流通方面的问题。从克服"银荒"和利于货币流通着眼，林则徐反对不分青红皂白地一概禁用洋钱。他认为，"银钱贵在流通"，江苏洋钱并不偷漏出洋，就完全没有禁止的必要。他还从江苏地区客观的交换过程，觉察到银币代替银锭是一种必然的趋向，因此，不能强禁它的流通，更不能骤抑银钱比价。

他还借反映"年老商民"的意见，婉转地向道光帝提出了自铸银币的建议：

"欲抑洋钱，莫如官局先铸银钱，每一枚以纹银五钱为准，轮廓肉好，悉照制钱之式，一面用清文铸其局名，一面用汉文铸'道光通宝'四字，暂将官局铜钱停卯改铸此钱，其经费比铸铜钱省至十倍。先于兵饷搭放，使民间流通使用，即照纹银时价兑换，而藩库之耗羡杂款，亦准以此上兑。计银钱两枚即合纹银一两，与耗银倾成小锞者不甚参差，库中收放，并无失体。"

在围绕货币问题的论争中，这种带有商业资本观念色彩的货币理论还是第一次在中国出现。只是，林则徐提出这一理论并非出于自觉，所以他的论证也不可能理直气壮。他反复强调，这只是"推广制钱之式""并非仿洋钱而为之"，并声明：

"臣等察听此言，似属有理，然钱法攸关，理宜上出圣裁，非臣下所敢轻议，故商民虽有此论，臣等不敢据以请行。"

不论如何，这都反映了资本主义萌芽时期商品经济和商业资本发展的要求，同时带有抵制外国货币侵入，维护中国独立币制的积极意义。

遗憾的是，道光帝从维护传统政策的立场出发，并未予以采纳，只是下旨说：

"官局议请改铸银钱，太变成法，不成事体，且洋钱方禁之不暇，岂有内地亦铸银钱之理？"

后来，林则徐虽然偷偷试铸了，但也不成功。据说，林则徐试铸的银币"其形如棋,面刊足银七钱三分"。但由于技术问题,"其制渺小,全无法度",无法抵制洋钱,且"未几而伪者、低者日出,遂使良法美意,废而不行"。

这次实践虽然没有成功,但它是中国近代币制改革运动的先声,提供了先辈还没有提出过的新东西,必须充分肯定林则徐的历史贡献。

(二)

正当林则徐在江苏被经济问题纠缠不休时,中华大地上的鸦片之毒已到了不可不禁的程度。首先,鸦片的大量输入严重破坏了国人的健康状况,其中对清军战斗力的破坏尤其严重。当时,有人在一首诗中写道:

> 请君莫畏大炮子,百炮才闻几人死?
> 请君莫畏火箭烧,彻底才烧二三里。
> 我所知者鸦片烟,杀人不计亿万千。

其次,非法的鸦片贸易大大加深了清王朝的腐败。清王朝的官府衙门中,尤其是东南沿海各省的地方衙门,大部分官吏都或直接或间接地与鸦片有关。他们或吸食、或贩卖、或受贿包庇。在清皇宫的所在地北京,有些烟馆正是官府人员开设的。距北京咫尺之近的天津,也是烟馆林立道旁,烟具陈列街前。

京津的烟馆里,烟雾弥漫。吸食者横卧在床上,手握烟枪,面对鬼火似的烟灯,吱吱地狂吸。这些吸毒者多是夜间过瘾,白天昏睡,成为日夜颠倒的大烟鬼。对于此情此景,爱国诗人龚自珍痛心疾首地写下了这样的诗句:

鬼灯队队散秋萤，落魄参军泪眼荧。

何不专城花县去？春眠寒食未曾醒。

第三，鸦片输入导致大量的白银外流，严重破坏了中国社会经济的正常发展。中国社会有限的购买力大量地被鸦片吸收，造成了工商业的普遍衰落和萧条。当时，中国工商业比较发达的地区是广州和江南。广州的行商因银两渐少，生意困难，赔累不堪，就大量拖欠外商债务，以至破产。当时著名的兴泰行和万源行就是因无力还债而倒闭的。江南地区也同样是一派凋敝景象。

白银外流，也致使清政府财源枯竭，各省拖欠的赋税日多，国库空虚，财政困难。面对鸦片输入造成的银荒、兵弱局面，林则徐等有识之士都在考虑采取何种措施，以解决鸦片流毒问题。

与此同时，英国政府也通过《东印度公司改革法案》，取消了东印度公司的对华贸易专权，进一步扩大对华的鸦片输入规模。早在1834年时，英国贵族、海军军官律劳卑就到达澳门，组成了第一个驻华商务监督处，东印度公司前驻广州大班德庇时、罗宾臣等充当副手。

律劳卑叫嚷着，"同这样一个政府（指清朝）交涉，必须以实力为后盾""否则，交涉不过徒耗时光而已"。因此，他一到中国，便无视中国主权，不经获准取得进口的"红牌"，便蛮横地闯入广州。他还违反中外交涉必须通过行商的惯例，坚持直接和两广总督公函往来，蓄意挑起冲突。

时任两广总督的卢坤勃然大怒，以律劳卑"不遵法度"，下令照例封舱。律劳卑遂令巡洋舰两艘，强行闯入珠江，进行武力威胁。英舰顺潮闯进海口，炮轰虎门沙角、镇远、横档炮台，驶至蛇头湾停碇。

随后，英舰又闯过大虎炮台，进抵黄埔。只是由于清朝官兵包围商馆，切断与巡洋舰的联系，而律劳卑没有实力发动进一步的武装进攻，封舱又损害了英商的利益，这才不得不暂时放弃"急进政策"，缓缓退回澳门。

不久，律劳卑在澳门病死，德庇时继任驻华商务监督。德庇时是1816年阿美士德使华的翻译官之一，他深知清政府绝不会承认英国派驻广州的官员，更不会同意驻华商务监督可以与两广总督平行往来，因此极力要求英国外交部发布进一步的训令，并决定"我方在未接奉国内进一步训令之前，保持绝对沉默状态"，也就是在英国政府决定用武力向中国勒索政治、经济特权之前，采取"沉默政策"，以澳门为据点，维持与行商贸易和鸦片走私并存的现状。

1835年1月19日，罗宾臣接替德庇时出任商务监督后，继续执行"沉默政策"，扶植鸦片贸易。为提供鸦片走私船只出入境签证的方便，罗宾臣派出商务监督处官员常驻零丁洋上，自这年11月25日起，在单桅快船"路易莎"号上办公。

1936年5月28日，英国外交大臣帕麦斯顿正式训令罗宾臣，将驻华商务监督处的管辖权从澳门扩大到零丁洋。在英国政府的共谋和卵翼下，鸦片贸易空前繁荣，规模越来越大。

（三）

道光帝在登基之后，曾多次颁布禁烟令。遗憾的是，这些禁令全部因为地方官员的明遵暗违而流于形式。当时，利用包庇走私贪污中饱的人，上至朝廷，下至吏胥、兵弁，构成了一个庞大的鸦片受贿集团。负责缉私的地方官吏、兵弁等是直接的受贿者，他们主要通过收受烟贩现银和鸦片的贿赂，以得赃纵放得利的。时人揭露称，"水师有费，巡船有费，营汛有费，差保有费，窑口有费，自总督衙门以及关口司事者，无不有费""水师生计得自月饷者十之一，得自土规者

（即鸦片贩子）十之九"，贪污的数量十分惊人。

有一名英国鸦片贩子在致帕麦斯顿的信件中说：

"在中国方面，高级官吏与政府人员，对于鸦片走私公开的默许，过去和现在的巡抚，都从中取利，听说北京的军机处也秘密地允许。"

正因为有太多的贪官污吏从鸦片走私中牟利，道光帝的禁烟令才得不到地方政府的支持，成了一纸空文。早在1834年前后，在鸦片流毒最为严重的广州就已形成一股主张"弛禁"的势力。

他们明目张胆地打着拯救银荒的旗号，鼓吹"弛关禁，而厚征其税，责商必与易货，严银买罪名""听民间得自种罂粟"，与外商竞争，堵塞白银外流，增加国家财用。从浙江乍浦同知任上罢归的顺德籍官僚何太青，首先提出这套理论，并向他的同年挚友、时任广东按察使的许乃济游说。

许乃济深以为然，立即求教于"号多闻留心世务者"的吴石华。吴石华不仅啧啧称是，进而著《弭害论》，大加发挥，宣称严禁鸦片"弭害之策有三：上焉者拔本塞源，次则严法厉禁，下则避重就轻"，所谓"拔本塞源"即闭关绝市，实际上办不到，而"严法厉禁"，却"立法愈峻，则索贿愈多，其包庇如故，护送如故，贩与食者卒如故也"。

既然如此，那么该怎么办呢？吴石华又提出，"为今之计，亦惟权害之轻重而已。自一人言之，则鸦片重而银轻，合天下言之，则鸦片轻而银重"。如此一来，弛禁就成为避重就轻的良策。

吴石华的文章很快被送到时任两广总督卢坤、广东巡抚祁𡎖的手里。卢、祁两人"见而心折"，并暗示吴石华联络民间名人制造"弛禁"舆论。

不久，卢坤就以陈述"粤士私议"的方式，向道光帝报告了这件事。不过，他并未公开提出"弛禁"政策，只是"以例方严，仅约略其词"，毕竟当时的道光帝正在禁烟的兴头上，卢坤不愿触这个霉头。

与此同时，以南方出身的中小官僚和封建士大夫为主体的"严禁"派也迅速地在京师集结，与"弛禁"派展开了针锋相对的论战。侍郎陈用光、程恩泽、姚元之，言官徐宝善、黄爵滋、朱琦、苏廷魁、陈庆镛，翰林何绍基、吴嘉宾，中书梅曾亮、宗稷辰，赴京应试的举人孔继镕、潘德舆、臧纡青、江开、张际亮等，经常唱酬集会，抨论朝政，"一时文章议论，掉鞅京洛，宰执亦畏其锋"。

1835年末，黄爵滋上疏陈当务之急，力主严禁鸦片：

"查粤海关之税，所入者不过百万，而鸦片烟之银，漏出外洋者，不下二三千万，以无用有害之物，毒中国之人，而又竭中国之财，夷计之狡，莫甚于此……臣愚谓欲截其流，但塞其源。应请皇上饬谕两广总督，责成水师提督，严查大屿山之屯船，及转运之快蟹，交易之窑口，悉藉其党，立置重典。一面檄知该夷国王，嗣后夷船不准装载此物，如违即照汉奸治罪。若不如此严禁，臣恐此患竟无底止矣。"

（四）

黄爵滋的严禁政策并未被道光帝采纳，因为严禁一旦实行起来，必然有损于海关税课，因此便以"无庸多设科条，纷更成例"了事。

从史料记载来看，道光帝在主观上尚算是一代明君。继位以来，他一直力图振兴国家，企图把日薄西山的大清王朝建设成世界第一强国。当然，他的目的并没有实现。不过，道光帝自己可不这么认为。他觉得自己的目标已经实现，除了大清这一天朝上国之外，其他一切国家都是蛮夷。

道光帝的这种观念并不是自欺欺人，因为当时不仅他这么看，绝大多数朝廷命官也都持这一观点。用现在话的来说，那是愚昧，不是自欺欺人。

除了愚昧之外，道光帝还有一个缺点，即"俭德"。据说，道光帝所谓衣非三浣不易。上有所好，下必效焉。道光一朝，满朝文武都穿得像叫花子一样，个个的朝服都补丁摞补丁。当然，他们下朝之后穿什么衣服，吃什么，那就是另外一回事了。

作为一名帝王，把"俭德"发扬到这种程度，已经不能用"俭德"来称之了，只能说是吝啬。因此，他一方面对鸦片持"严禁"态度，一方面又睁一眼闭一只眼，享受鸦片税课带来的钱财。

道光帝这种对待鸦片走私的矛盾态度给"弛禁"提供了生存的土壤，同时也让"严禁"派相信皇帝是圣明的，糟糕的只是地方官吏。

1836年6月10日，时任太常寺少卿的许乃济上《鸦片烟例禁愈严流弊愈大亟请变通办理折》，公开提出弛禁主张，从而正式拉开了"严禁"派和"弛禁"派激烈论争的序幕。

在奏折中，许乃济宣称吸食鸦片，"不尽促人寿命，今海内生齿日众，断无减耗户口之虞"。意思是说，吸食鸦片不一定不会让人立即死亡，但国内人口越来越多，死几个人不必大惊小怪，肯定不会影响人口的正常繁衍。

这种话居然出自太常寺少卿之口，真是令人匪夷所思！接着，许乃济又对禁烟前后的情况进行了对比，历陈"弛禁"的好处。他说：

"禁烟以前，鸦片入关纳税后，交付洋行兑换茶叶等货，并无白银偷漏之弊；禁烟以来，外商鸦片不能公开易货，皆用银私售。禁烟以前，内地可以栽种罂粟；禁烟以后，内地遂无人敢种，利薮全归外洋。禁烟以前，鸦片吸食自由而人少；禁烟以后，食者愈众，几遍天下。禁烟以前，贩烟无须走私；禁烟以后，走私猖獗，胥役、棍徒藉法令以为利，法愈峻，则胥役之贿赂愈丰，棍徒之计谋愈巧。"

既然如此，该怎么办呢？许乃济连具体的措施都想出来了：一、准许外商输入鸦片，照药材纳税；二、只准以货易货不许用银购买；

三、准许内地百姓种植罂粟，以抵制外来鸦片；四、禁止文武官员、士子、兵丁等吸食鸦片，因为这些人是大清统治的基础，不能烂掉，而百姓命贱，吸食一概勿论。

以今天的眼光来看，许乃济的这种思想实在是恐怖至极！然而令人气愤的是，这种主张居然得到了军机大臣穆彰阿等人的支持。中外的鸦片贩了更是为此喝彩不已。一位外国烟贩称誉说：

"这个奏折，立论既佳，文字也极清楚。"

道光皇帝接奏后，将该折提交时任两广总督邓廷桢、广东巡抚祁项、粤海关监督文祥等人议论。从贩卖鸦片得利的十三行洋商立即表示赞同，并向邓廷桢具呈，提出弛禁鸦片的具体方案。

英国驻华第二商务监督义律探得这个情报，也喜出望外，立即写信报告外交大臣帕麦斯顿，称"许乃济弛禁论的直接影响，将要刺激印度的鸦片种植"，并估计"采纳许乃济奏请的折中方案的这种正式的、最后的命令，将在一个月或六个星期内到达此间"。

随后，地方官吏也提出贯彻弛禁的办法。邓廷桢、祁顷、文祥遂综合了上述各种意见，拟出具体章程九条奏入，并吹捧许乃济"胪陈时弊，均属实在情形""如蒙谕允，弛禁通行，实于国计民生，均有裨益"。

实事求是地说，并不是所有的弛禁论者都与鸦片走私有直接的利益关系，有一部分人只是禁烟的失败主义者。他们认为，既然屡禁不止，不如不禁。两广总督邓廷桢似乎就没有从鸦片走私中受益，他倾向于弛禁，可能是曲解了皇上的旨意和片面地强调杜塞漏银。

不过，不管出于何种目的主张"弛禁"，其结果都将是灾难性的。因为"弛禁"实行，鸦片必然如潮涌入，洋烟、土烟一并盛行，百姓的生命和国家经济都将受到毁灭性的打击。

因此，许乃济的上书立即遭到"严禁"派的强烈反对，内阁学士、礼部侍郎朱嶟，兵科给事中许球先后上疏论驳。他们在上书中指出：

昔日荷兰侵略爪哇，首先诱使爪哇人吸食鸦片，使其国贫民弱，然后将其灭亡。现在英国向中国输入鸦片，也是出于同样目的。

　　针对许乃济的弛禁主张，他们指出：如果不禁止鸦片的销售，岂能禁人吸食？官员、士兵皆出自民间，所谓只禁官兵吸食，岂不是掩耳盗铃？提倡内地种植罂粟，岂非"夺农工而耗本计也"？明知鸦片为毒人之物而听其流行，实为"绝民命而伤元气也"，"殊失朝廷爱民之心"。

　　道光帝阅奏后，认为这些人说得颇有道理，便打消了"变通办理"的念头，随即谕令军机大臣穆彰阿，将这些奏折发交邓廷桢、祁埙、文祥等人"悉心妥议，力塞弊源，据实具奏"。

　　邓廷桢等筹拟弛禁章程的奏折到京后，江南道御史袁玉麟又上折痛斥，说它"戾于是非者有三，闇于利害者有六"。从此，再也无人敢于公开重弹弛禁论调了。

　　1837年1月（道光十六年底），邓廷桢等上奏，声明放弃弛禁主张，请严定贩卖吸食罪名。这场"弛禁"与"严禁"的论战中，"严禁"派取得了初步胜利。

第十二章　禁弛之争

时运不济，妄求无益。

——（清）林则徐

（一）

林则徐早就注意到了鸦片的流毒问题。在江苏巡抚任上，他一如既往地严格实施道光帝的禁烟令，"随时认真访查，力拿严惩"，督饬拿获贩卖之僧广得、杜双义及买食者陈大等，或流放，或充军；破获镇江西门外大围坊赵维及其妻卖鸦片及卖娼引起的奸杀案。

吸食鸦片的嫌疑人被捕获后，往往都极力否认。开始时，林则徐也没有什么办法，只能是抓了放，放了抓。后来，在长期办案的过程中，他总结出了一套"熬审"的办法。

所谓"熬审"，实际上就是不审，就静静地坐在嫌疑人对面，与其熬时间。正常人坐一天除了有些腰酸背疼之外，不会有什么大碍。但对吸食鸦片成瘾的来说，静静地坐一天简直比登天还难。因为他们的烟瘾一犯，就会涕沫交流，生不如死。据说，几乎没人能撑得过林则徐的熬审。

除严格执行禁烟令之外，林则徐还从民间搜集了十余种戒烟断瘾药方，"配制药料，于禁戒吸烟之时，即施药以疗之"。由于缺乏有力的史料，现已无从知晓林则徐收集的药方有哪些，以及有没有效果。但不管怎么样，林则徐禁、医双管齐下的禁烟方法，肯定要比单纯的严禁效果要好些。

为防患于未然，林则徐还请名医何书田到抚署中，据医经，考药性，阐医理，参订递减递增之法，编撰《救迷良方》一书，向民间推广，供鸦片吸食者服用除瘾。从这本书的名字就可以看出，林则徐禁烟的初衷在于"救迷"，而非为了禁烟而禁烟。

除了这几项富有创造性的禁烟方式之外，林则徐还严令禁止种植、贩售和买食鸦片，密饬沿海关津营县，于洋船未经进口之前，严加巡逻，务绝其源；再于进口之时，实力稽查夹带，"如有偷漏纵越，或经别处发觉，即将牟利之奸商，得规之兵役，一并追究，加倍重惩，以期令在必行，法无虚立"。

在林则徐的努力下，江苏的禁烟工作取得了很大的成效。不过，由于江苏的鸦片流毒与两广相比并不严重，他的禁烟工作就全国而言并没有多大的影响。

许乃济挑起弛禁与严禁之争时，林则徐恰好再次署理两江总督兼两淮盐政，到江宁办事。不久，他又赴清江督防秋汛，催儹回空漕船，办结要案。因此，他未能参加这次论争，但对禁烟主张深为拥护，决心身体力行。

等到从清江返回江宁，林则徐突然接到道光帝的圣旨，令其上京觐见。1836年底，林则徐交卸两江总督关防和两淮盐政印信，自江宁起程赴京。

一个月后，林则徐抵达北京。在等候觐见的日子里，林则徐除了拜访一些老朋友，还去见了英和、穆彰阿等权贵，请他们给自己的字画题诗。从这一事实来看，林则徐与穆彰阿的私人关系应该还不错。

几天后，道光帝召见了林则徐。由于缺乏有力的史料，现已无法知晓林则徐这次觐见向道光帝说了些什么，可能是陈述了在直隶兴修水田的一些建议，提出了严禁鸦片和整顿湖广军务等问题。

1837年（道光十七年）初，道光帝擢升林则徐为湖广总督。初春，林则徐离京南下。十四日，途经保定，直隶总督（当时的直隶总督为琦善）以下皆出城迎接，"即于公所小坐，协揆（琦善）又来寓长谈，去后，即往答之，又谈至傍晚"。

金安清《林文忠公传》中说：琦善"遇公保定，议时事不合，论直隶屯田水利，又憾公越俎"，当即指这次的长谈。

（二）

此时，林则徐与琦善之间的关系虽未公开决裂，但特已处于剑拔弩张的状态了。当然，这并非因为琦善和林则徐有私仇，他们不和的原因主要是由于政见不同。

早在琦善任两江总督、林则徐督修河道时，两人就产生了分歧。当时，林则徐主张全面整修江南的水利设施，但琦善不同意。林则徐坚持己见，和琦善吵了几句。这件小事在两人的心中都留下了芥蒂。直到多年后，两人彼此仍耿耿于怀。

如今，林则徐又向道光帝陈述兴修直隶的水利问题，自然更加引起了琦善的不满。当时，琦善以协办大学士兼直隶总督，位列总督首位，是道光帝目为"绝顶聪明"、倚信而不疑的股肱大臣。

在当时官场的满员中，琦善以"见事机警"知名，但他"性气高傲，不欲人下，才具素长，睥睨一切""遇事接物，多用权数，不能开诚布公"。

琦善以为，直隶的水利问题自然应该由直隶总督来管理，与他林则徐毫无关系。身为汉员（清朝的汉族官员）的林则徐竟敢在皇上面前越俎代谋，琦善当然要怀恨在心了。

　　毫不夸张地说，林则徐与琦善在保定的这次会面肯定不会很融洽，甚至还可能吵了起来。清廷的两名封疆大吏关系不和，这给后来的禁烟工作带来了很多麻烦。

　　林则徐抵达湖广总督的驻地武昌后，立即着手整顿湖广的军政要务。湖广总督统辖湖北、湖南军政大务。林则徐上任后，面临着盐务疲惫、江（长江）汉（汉江）盛涨的严重局面，加上正值军政之年，应亲历两省校阅营伍，事务琐碎繁忙。

　　湖广的军政事务虽然琐碎，林则徐也几度因为一些小过失被降级留任。但他最关注的依然是禁烟问题。在校阅部队的过程中，林则徐还注意到鸦片泛滥对军队官兵的腐蚀，严禁营兵吸食，决定"嗣后营兵有犯，除该兵丁革退重办外，将该营千把一并斥革严惩；如千把、外委有犯，将该营将备严参重处"。同时，他还根据江苏禁烟的实践经验，继续向民间推广除瘾良方，号召鸦片吸食者戒烟。

　　林则徐在湖广总督任上的禁烟工作卓有成效，这也是道光帝后来任命他为钦差大臣，让其前往广州禁烟的重要原因之一。据史料记载，林则徐与时任湖北巡抚伍长华的率属查验搜缴，效果显著。有一次在武昌校场销毁的烟枪就达1754杆，烟土、烟膏共167518两。

　　遗憾的是，林则徐的努力对全国的禁烟形势并没有多大的促进作用。当时，全国的禁烟运动仍处在明禁暗弛的状态。中外鸦片贩子勾结地方官员，横行无忌，鸦片流毒仍是一天比一天严重。

　　时任英国驻华商务监督的查理·义律称得上半个"中国通"，自1834年随律劳卑来华后，他先后充当船务总管、监督处秘书、第三监督、第二监督，与清廷广东方面的官员接触颇多，深谙中国官员的心理。

　　许乃济的"弛禁"论遭到批驳后，广东的禁烟工作在表面上开始有所加强，有9名英国鸦片贩子在明令驱逐之列。义律一面向广东当局提出"抗议"，一面向帕麦斯顿报告说：

　　"不管实际的禁令是如何严厉，我仍以为鸦片贸易被认为合法是可以盼望的。"

他极力反对英国政府对清政府禁烟运动所采取的"沉默政策"。他说:

"照我看来,英王政府所要用以维护和促进这个帝国商业交往的那种和平妥协政策,在广州五六十名侨商中,一般是不受欢迎的;要是想把这种政策的实施靠我作决定的话,那么这将是我所要作的一件最不得人心的事。"

因此,义律打破两年来的"沉默状态",具禀邓廷桢,表示英王已任命他为驻粤领事,总管本国商贾水梢,要求进驻广州。

清廷认为,领事与大班仅"名目不同,其为钤束则一",允其所请。于是,义律便于1837年春进驻广州商馆。义律到广州后,声明他的使命"仅限于办理与这个帝国的正常贸易",拒绝执行中国的禁烟法令。他几次向帕麦斯顿写报告,说明英国政府对于鸦片贸易的立场,"发表它本身的意见或采取自己所抉择的路线的时机业已完全成熟",建议派遣特使,在一支舰队保护下前往舟山,打开与清政府的直接交涉,争取鸦片贸易的合法化。

(三)

1837年秋,两广总督邓廷桢奏准实施驱逐英吉利趸船及拿办窑口鸦片走私章程,广州的空气顿时紧张起来。零丁洋到黄埔间的中国"快蟹"走私船被取缔,鸦片价格每况愈下。英国的鸦片贩子慌了神,竟然公然对抗清廷颁布的政策。

詹姆斯·因义士首先带头使用武装快船,闯过虎门炮台的炮火,驶入珠江,将鸦片运到黄埔,填补中国走私船被取缔所留下的真空,开辟英国鸦片贩子直航伶仃—黄埔的内河走私航线。"铁头老鼠"查顿甚至叫嚣说：

"目前唯一可行的办法，就是派遣更多的武装欧洲船只到沿海去兜销。"

一个月后，英国外交大臣帕麦斯顿接获义律的各项报告，立即向英国海军大臣致送备忘录，建议由东印度舰队司令马他仑率一至数艘军舰前往中国，保护英国鸦片贩子的利益。

在英国军舰和义律的支持下，英国鸦片贩子肆无忌惮地进行武装走私，并用重贿买通水师巡船和关口吏胥，使鸦片贸易在1837年（道光十七年）再度兴旺起来。查顿和他的同伙甚至一度将印度产的鸦片价格从每箱390元抬到580元。

札谕之类的装模作样的禁令，只不过被当成一大堆废纸。几十只悬挂英国国旗的欧洲武装快船，公开窜到珠江江面贩毒，从虎门到花地，差不多沿河各处都成为这种贸易的舞台了。英国大鸦片贩子、查顿的同伙孖地臣趾高气扬地说：

"我们的洋药市场已经经历了一次全盘的'革命'。"

1838年初夏，时任鸿胪寺卿黄爵滋向道光帝上《请严塞漏卮以培国本折》，请求严禁鸦片。就白银外流导致银贵钱贱的问题，黄爵滋在奏折中指出：

"若再三数年间，银价愈贵，奏销如何能办？税课如何能清？设有不测之用，又如何能支？"

因此，他吁请严塞漏卮，禁绝鸦片，认为鸦片"非不能禁"，而是"未知其所以禁"，即没有找对禁烟的办法。"耗银之多，由于贩烟之盛；贩烟之盛，由于食烟之众"，要肃清鸦片流毒，"必先重治吸食"，"无吸食自无兴贩，则外夷之烟自不来矣"。

为此，黄爵滋建议道光帝严降谕旨，准给鸦片吸食者一年期限戒瘾。若一年之后仍吸食，是不奉法之乱民，置之重刑，罪以死论。现任官员逾期吸食，罪加一等，其子孙后代不准参加科举考试。

应该说，黄爵滋的主张是正确的。没有市场就没有贩卖，这是治本之法。不过，单纯靠禁止吸食，还不能很快地禁绝鸦片。要想在治本的同时取得治标的效果，必须双管齐下，在禁止吸食的同时，严禁鸦片贩卖。

但黄爵滋的这本奏折在当时还是引起了极大的震动。道光帝对鸦片的态度本来是游移于严禁与弛禁之间的，此时，鸦片的毒害已超过鸦片的利益，他就不能不考虑黄爵滋的意见了。

随后，道光帝便下旨，令盛京、吉林、黑龙江将军及直省各督抚，"各抒所见，要议章程，迅速具奏。这实际上是清廷再次展开禁烟政策的前奏。

就道光帝本人而言，他依然游离于"弛禁"和"严禁"之间，态度不算明朗。他下令各地将军和督抚"各抒己见"，很可能就是寻找禁烟的良方。为此，他的股肱大臣、大学士署直隶总督琦善说他是"早知其言窒碍难行，而欲术善治之法也"。应该说，这段话是比较符合道光帝当时的心理状态的。

（四）

黄爵滋上书道光帝严禁鸦片之时，林则徐正在武昌与新科进士、自己的长子林汝舟频繁地通信。他最早大概就从儿子的家信中得知这件事的。几天后，刑部的公文就到了，要求他研究黄爵滋的奏折，表明态度。

林则徐立即拟写奏折，支持黄爵滋的"严禁"政策。他在奏折中指出：

"鸦片流毒于中国，纹银潜耗于外洋，凡在臣工，谁不切齿！……今鸦片之贻害于内地，如病人经络之间久为外邪缠扰，常药既不足以胜病，则攻破之峻剂，亦有时不能不用也。"

同时，他还认为，"治狱者固宜准情罪以持其平，而体国者尤宜审时势而权所重"，鸦片"流毒至于已甚，断非常法之所能防，力挽颓波，非严蒇济"，重治吸食，又给一年戒烟期限，是"立怵心之法""合于大圣人辟以止辟之义，断不至与苛法同日而语也"，"必直省大小官员共矢一心，极力挽回，间不容发，期于必收成效，永绝浇风，而此法乃不为赘设"。

为此，林则徐还提出了六条禁烟的具体建议：

一、责成州县，尽缴烟具，并许核作州县功过之数；

二、劝令吸食者自新，并将一年之期划分四限，逐步递加罪名，以杜因循观望；

三、加重开馆、兴贩以及制造烟具各罪名，并许限内缴具自首；

四、以严于所近的原则，给予官吏失察处分；

五、著令地保、牌头、甲长，收查烟土、烟膏、烟具；

六、采用熬审之法，审断鸦片吸食者。

与此同时，林则徐还附上《救迷良方》中所载多年历试历验的戒烟断瘾丸方、饮方各两种，建议道光帝颁布各省，以资疗治。

接着，林则徐又上了一道密折，阐述重治吸食，全面开展禁烟运动的重要性。他说：

"现在既有黄爵滋此奏，奉旨交议，不独率土周知，即诡谲万端之夷人，亦必有内奸为之通信。此议若寝，则从此玩心愈甚，其害更烈于前。故臣愚以为必须中外臣工，并力一心，誓除此害，国家理财大计，此时正一转机也。"

林则徐和黄爵滋等人提出"必以重治吸食为先"的方针，实际上是许球等人"详内而略外，先治己而后治人"主张的具体化。这表明，"严禁"派在全国发动禁烟运动的初期阶段是以"理财"为重点的。

对于禁烟的态度，从表面上看，无人主张弛禁，实质上分歧很大，意见针锋相对。以琦善和林则徐为代表，分为两大派，主要争论在两个问题上：要不要变更原有的禁烟法令？要不要先重治吸食？

琦善等人看起来也主张禁烟，先重治吸食与否只是方法上的不同，但因事实上包庇鸦片走私者大多是鸦片吸食者，反对先重治吸食，就是保护鸦片受贿集团的既得利益。因此，他们的"禁烟"只是一个欺骗舆论的幌子，没有任何实际意义。而且，这批人在参加讨论的大官僚中占绝对多数。

林则徐已经意识到了这一问题的严重性，初秋时节，林则徐再次上书，揭露了鸦片受贿集团和吸食者之间的关系，请道光帝以巩固封建王朝统治的利益为重，衡量利害 得失，早下严禁决心。

应特别指出的是，此时的林则徐在禁烟的实际工作中已经悟出一个道理：单纯禁止吸食根本不起作用。而鸦片主要来自广东，只要能堵住广东这道口子，禁烟工作就成功了大半。禁烟的重点从重治吸食转移到断绝鸦片来源，这也标志着以民族自救为宗旨的禁烟运动已转向反抗外国的鸦片侵略了。

道光帝陆续接到各地将军、督抚的复奏，虽然也接二连三地重申禁烟并付诸行动，但对黄爵滋的严禁办法都未置可否，在一系列有关禁烟的谕令中，均未议及重治吸食罪名。

尽管道光帝无意全面采纳严禁派主张，但他的三令五申总算使禁烟开始在各地见之实施，改变了严禁派处于不利地位的现状。

禁烟之初，林则徐对世界的情况不甚了解，甚至以为土耳其属于美国。后来，通过组织和参与翻译《海国图志》的工作，他对世界的历史进程才有了很多独特的认识。除此之外，他还提倡翻译外文报刊。林则徐也因此被称为中国近代"开眼看世界的第一人"。

第十三章　临危受命

生慧福孰能兼，占尽韶华颇不廉。悟彻优昙天女散，不如跌坐一枝拈。

——（清）林则徐

（一）

1838年11月9日，道光帝接到了林则徐第二本密折。有历史学家认为，这本密折是道光帝最终倒向"严禁"派的转折点。实事求是地说，这确实夸大了林则徐的历史功绩。道光帝最终决定严禁鸦片是由多方面原因促成的，将全部功劳都归到林则徐的头上，有些言过其实了。

第二天，道光帝就下旨，令林则徐进京商议禁烟的办法。林则徐大喜，立即安排湖广军政事宜，其实主要是销烟工作。接诏后的第四天，林则徐即从武昌起身北行，踏上了为国家民族争命的历程。

林则徐北行赴京期间，禁烟运动在全国范围内陆续展开，中外鸦片贩子和反禁烟官吏则大为沮丧，禁烟与反禁烟的斗争开始进入短兵相接的阶段，其中尤以广东的禁烟运动开展得最为激烈。

珠江口一带的爱国渔民多次自发地组织起来，驾驶渔船，在龙穴岛、万顷沙附近海面纵火烧毁鸦片贩子的快蟹船，称为"蒸大蟹"。他们还经常假装售卖食物，拢上零丁洋上的趸船，群起攻打，谓之

101

"作（打）鬼匿"。

东莞县囤烟巢穴广济圩附近的农民也自发行动起来，捣毁鸦片烟馆，还缉拿烟贩，拉到广济桥头，挂上烟具、黄牌"摆卦"（示众）。

外国鸦片的交货，"从八月间受到限制之后，逐月呆滞；经纪人们被逮捕而处刑，并有许多逃避了；在沿岸的销售锐减，在广州和它的附近，据说被查缉到很多"。

12月3日下午，广州官弁巡役在十三行商馆前的茶艇中，查获义和行伏役刘亚英、陈亚喜夹带英国鸦片贩子因义士的鸦片203斤（当时一斤为16两）。邓廷桢遂下令驱逐因义士和有装运鸦片嫌疑的美国商船"托马斯·珀金斯"号，并暂停贸易。

一周后，广州府衙门将贩烟团伙的首犯何老近在十三行商馆广场处绞正法。住在商馆的外国商人、水手妄加阻挠，并捣毁刑场。广州群众近万人遂自发包围商馆，推倒围墙，拆毁栏栅，击破窗户、大门。义律闻讯后，于当天黄昏从黄埔赶到商馆，策划对策。

第三天，义律便纠合"各国商人公所"（即外侨商会），以在商馆广场行刑侵犯了外国居民的使用权为由，向邓廷桢提出"抗议"。

邓廷桢大怒，当即态度鲜明地加以拒绝，表示商馆广场是天朝领土，今后还会继续在那里对破坏禁烟法令的罪犯执刑。若再加阻拦，定将严行驱逐。

事实上，广州府衙门选择在商馆广场行刑，确实有震慑外国鸦片贩子的用意。而且从某种意义上说，这种方法也起到了一定的作用。当天，广州衙门便奉邓廷桢之命将因义士驱逐到澳门。

义律见继续从事鸦片走私将危及整个鸦片贸易，且使"在广州从事贸易的全体女王陛下臣民生命财产的安全面临直接而紧迫的危险"，遂于18日发出公告，命令所有从事鸦片贸易的英国船只三天内驶出虎门。英国鸦片船只退出内河后，邓廷桢于月底宣布重开贸易。

除广东之外，福建、云南、奉天（辽宁）等地，也都展开了轰轰烈烈的禁烟运动，而且成效显著。应该说，这一阶段的禁烟工作效果还是不错的。当然，这主要有两方面的原因：其一，地方官吏已看到了道光帝禁烟的决心，谁也不敢拿自己的前途开玩笑；其二，外国鸦片贩子和与鸦片走私有关的"弛禁"派还没有来得及组织反扑。

（二）

"弛禁"派很快就开始反扑了。他们预料到，道光帝召林则徐进京定然会委以重任。与其直接劝谏道光帝收回成命，倒不如游说林则徐，从侧面影响道光帝的决策。

12月22日，林则徐经直隶省城保定来到安肃县。反禁烟派头子琦善立即从北京赶来，向林则徐游说。据说，两位当朝的封疆大吏谈了一个通宵。至于他们的谈话内容，由于缺乏史料记载，现已无从得知。

据《蓉城闲话》透露，琦善用禁烟会引起边衅来劝说林则徐，被林则徐委婉地加以拒绝了。这是严禁派首领和反禁烟头子第一次面对面的交锋，反映了清朝统治集团内部围绕禁烟问题的争论，至此已经发展为抵抗侵略还是对外妥协的政治斗争了。

12月26日，林则徐抵京。第二天，道光帝就召见了他。林则徐向道光帝陈述了自己在湖广禁烟的成效，又具体阐释了禁烟的一些方法。道光帝大喜，在接下来的八天中连续召见林则徐八次，商议禁烟大计。对这八次召见，林则徐在日记中均有简略的记载：

27日：入内递折。卯刻第一起召见，命上毡垫，垂问至三刻有余。

28日：第四起召见，约有两刻。

29日：第六起召见，亦有两刻。蒙垂询能骑马否，旋奉恩旨在紫禁城内骑马，外僚得此，尤异数也。

30日：寅刻骑马进内，递折谢恩。第五起召见，蒙谕云："你不惯骑马，可坐椅子轿。"

31日：卯刻肩舆入内，第四起召见，约三刻有余。旋奉谕旨："颁给钦差大臣关防，驰驿前往广东查办海口事件，该省水师兼归节制。钦此。"回寓后，又作谢恩折。

1839年1月1日：寅刻肩舆入内，递折，第七起召见，约有三刻。出赴军机处领出钦差大臣关防，满汉篆文各六字，系乾隆十六年五月所铸，编乾字六千六百十一号。回寓封存。

2日：卯刻肩舆入内，第五起召见，约两刻零。

3日：卯刻肩舆入内，第六起召见，约有三刻，谕令即于是日跪安。计自到京后召见凡八次，皆上毡垫。

准予臣下在皇宫内骑马，实属罕见，由此可见道光帝对林则徐的信任。但林则徐是南方人，又是文官，不善骑马，于是皇帝又特赐乘肩舆。肩舆是一种椅子轿，就是在八人抬的轿子上面放置一把椅子。坐在上面进出紫禁城，也是一种前所未有的特例。以上这些荣誉足以说明，道光帝对林则徐相当满意，并对他寄予厚望。同时，道光帝也旨在用这些方法提高林则徐在群臣中的威望。

林则徐受命为钦差大臣，严禁派在禁烟政策论争中取得了暂时的胜利，这对清朝统治阶级内部的鸦片贩卖集团、受贿集团及其政治代表，无疑是一个沉重的打击。就连以奸诈老成、饱有官场经验的首席军机大臣穆彰阿也有点沉不住气了。

虽然他们担心冒犯道光帝的"龙颜"，不敢在朝堂之上反对林则徐的禁烟政策，但却敢在私下里"给他小鞋穿"。这林则徐尽管是封疆大吏，但毕竟是汉族官员，且在朝中的根基也不甚深厚。就势力而言，他根本不是穆彰阿等满清老臣的对手。

因此，包括老朋友龚自珍在内的很多人都为林则徐的安危忧心不已。在那个黑暗的年代，那些所谓的朝中重臣什么事情都干得出来，就是"派人暗杀"也不是没有可能。

林则徐似乎也意识到了这一点。不过，他此时已将自己的生死置之度外。出京前夕，他拜别座师沈维鐈。当时，沈维鐈以耳疾免工部侍郎职，留京养病。沈维鐈对林则徐赴广东十分关注，也同样担心他的安危。他语重心长地对林则徐说：

"少穆此去山高路远，艰难险阻，一定要注意自身的安全！"

林则徐向座师表示感谢，但又坚定地说：

"死生命也，成败天也，苟利社稷，不敢竭股肱以为门墙辱！"

沈维鐈闻言泪流满面，静静地注视了林则徐好久。林则徐看着座师凄凉的神情，也不能自已，落下了两行清泪。

（三）

1839年1月8日，林则徐迎着呼啸的北风，踏上了奔向禁烟运动的前哨阵地——广东。出发当天，他从京郊良乡传牌到广东省城，通告此行并未随带官员、供事书吏，只有顶马一弁、跟丁6名、厨丁小夫6名，俱系步行跟随，并无前站后站之人。如有冒名顶替者，立即拿究。所雇民夫和轿夫的价钱，均已自行发给，不许在各驿站索取分毫，该州县也不必另雇轿夫迎接。所有夜宿公馆，只用家常便饭，不必备办整桌酒席。随行人员，不得暗收站规、门包。命令沿途各州县、驿站官吏照此办理。清官上任，一洗官场奢华恶俗，深得民心。

林则徐赴任一向轻车简从，既不铺张浪费，也不煊赫权势。不过，这一次除了不愿浪费之外，还有另外一层意思，那就是向"弛禁"派穆彰阿、琦善等人宣战：我林则徐光明磊落，你们要来害我就尽管来吧！

南下途中，林则徐还注意调查广东鸦片的流毒情形，"官绅来谒者，苟有一得，皆咨询而籍之"。他又派旧属马辰"兼程先赴海口代访夷情"，令彭凤池留在广州"就近代查鸦片根株"。

1月21日，林则徐准备由安徽进入江西。与此同时，钦差大臣赴粤查禁鸦片的消息也传到了广州。这一消息犹如晴天霹雳，令中外鸦片犯们目瞪口呆，恐慌万状，而两广总督邓廷桢却感到非常兴奋。

邓廷桢出任两广总督已经三年，截获出洋纹银案件多起，但漏银的局势有如江河直下，不可止遏。接到道光帝谕旨后，他立即表示要与各省督抚"各扫疮痍，共培元气"，会同广东巡抚怡良、水师提督关天培，着手在广东截流断源，共挽狂澜。

林则徐被任命为钦差大臣之前，邓廷桢就调遣了大鹏营和香山协二标水师，轮流在零丁洋上堵截追拿鸦片犯。他还向道光帝提议：在虎门武山与横档之间的江面增设两道木排铁链，防备外国船舰闯入肇事。与此同时，他又在广州内外破获了私开窑口案件141起，人犯345名，烟枪10158杆。

1月22日，刚刚进入江西境内的林则徐就接到了邓廷桢、怡良等人的信。他们在信中表示，愿与林则徐"协力同心，除中国大患之源"。在江西境内，林则徐拜访了包世臣等名士，接见了在广东有八载生涯的门生张浦云等人，通过各种渠道了解情况，获得了大量具体的感性材料，掌握了一批贩毒、贿纵犯的姓名、住址和罪状。

1月24日，林则徐下了一道密拿汉奸的命令，责成广东布、按两司速即派员改装易贩，分投查探，出其不意地拘拿主要人犯王振高等17名，随即讯取借情，听候解送行辕饬审；确查再拿次要人犯苏光等40名，先查缓拿武弁中包揽最甚之人犯蒋大彪等5名。

与此同时，大规模的缉捕活动也在广州城内展开了。仅仅数日，查缉的兵丁就通过夜里逐户搜查的方式，捕获吸毒贩毒人犯2000余人。

广东鸦片贩子本来凶焰嚣张，现在听说林则徐行将到粤，具单捕人，不少人闻风逃窜。鸦片吸食者"无不私探罪名轻重"，英国鸦片大贩子查顿仓皇请牌，遛回本国。而另一个大贩子颠地则徘徊省澳之间，以观气候。为暂避锋芒，英、美鸦片的22艘趸船，也从零丁洋开到丫州洋停泊。

一时间，朝野上下禁烟的信心大增。2月26日，广州府衙又在十三行商馆广场上对烟贩冯安刚执行绞刑。外国鸦片贩子恼羞成怒，从商馆广场的旗杆上降下国旗，以示"抗议"。林则徐指示广州方面，不要管外商的举动，广州府衙在中国的土地上对中国犯人行刑，与外国人无干。

几天后，广东布政使司和按察使司送来了一份烟贩名单，其中已确认者61人。林则徐遂密令广东方面，按照所列名单，将已调查清楚的61名烟贩迅速缉捕归案，等他到广东后亲自审理。这些烟贩中有不少是多年来经营快蟹、扒龙的人，也有在衙门内当差的衙役或水师官兵。

第十四章　缴烟告捷

长空有月明两岸，秋水不波行一舟。

——（清）林则徐

（一）

1839年3月10日，林则徐乘船抵达目的地广州。船只停泊于天字码头后，他在沿江两岸民众寂静、肃穆的气氛中，以及在充满企盼的目光注视下，从容登岸。当时，在临江一条双桅帆船上看到这一情景的美国人威廉·亨德描述说：林则徐"具有庄严的风度，表情略为严肃而坚定，身材肥大，须黑而浓，并有长髯，年龄约60岁"。

准确地讲，这年林则徐55岁。之所以看上去比真实年龄大几岁，主要是因为他常年在外工作，经常风餐露宿，略显憔悴。

林则徐在接官亭与邓廷桢、怡良、关天培、豫堃等人会晤后，得知广东地区已着手拿获烟犯，查禁工作颇有声势，信心倍增。他当即下令外洋水师，查清外国鸦片趸船的行踪，乘势驱逐。

3月11日，林则徐命令在钦差行辕——越华书院的门口悬挂告示，宣布：所有随从人员，不许擅离左右；派往行辕供事的书吏，在公馆内给予伙食，不准借端出入；凡文武官员因公禀报者，随时接见。

为摸清鸦片流毒的症结，林则徐进行了大量的调查研究工作。他把有关行商、散商集中到行辕附近寄宿，随时问话；广泛会见文武官员、友人、旧属、同乡，了解情况；雇佣两个长期在商馆为外商烹调的厨子到行辕内备办伙食，就近查询外国鸦片贩子的活动踪迹；身穿便服到船户、渔家中去，收集情报。

为充分调动士子的积极性，林则徐还借"观风试"的名义，召集书院的青年学生进行考试。不过，这次考试与以往不同，试卷里面写道：可以不答试题，但必须把自己知道烟贩的行为、住址和活动情况写明，对官兵走私、受贿的内幕更要写清，不得隐瞒。

书院的学生来自四面八方，知道的信息多，又大都思想活跃，对鸦片走私深恶痛绝，因此为林则徐提供了许多有价值的情报。

林则徐在工作中，发现自己对外国的局势缺乏了解，而只有知己知彼，才能百战不殆。于是，他派人广为搜集广州、澳门外国人出版的各种书报，包括商业情报和传教小册子，介绍西方史地的书籍。这些资料大部分是用英文写成的，林则徐不懂英文，当时懂得英文的仅是少数与对外贸易有关的洋行买办、引水、通事，以及在外国教会学校里读书的学生等。

这些人在当时的社会地位很低，官府和封建士大夫对他们都不屑一顾。但为探求新知，掌握国外情况，林则徐求贤若渴，大胆招募这些人在行辕里翻译西方书报。通过各种周密、细致的工作，林则徐对如何禁绝鸦片有了更加成熟的认识。他多次会见邓廷桢、怡良、关天培等人，共商禁烟大事。他认为，广东地区鸦片烟贩、吸食者众多的原因，主要还是外国烟贩走私鸦片，他们"若不带鸦片来，内地民人由何而吸"。

在这一认识基础上，林则徐进一步明确了禁烟方针——将"必先重治吸食"更正为"以断绝鸦片为首务"。在反复讨论的基础上，他们确定了禁烟方针。这个方针可归纳为两点，即缴烟和具结。用林则徐自己的话，就是"将已来之鸦片，速缴到官；未来之烟土，具结永断"。具结，就是写出永不带鸦片来中国的保证书。

（二）

英国鸦片贩子向来无视中国法令，鸦片又不放在广州，主要是存储在零丁洋面的趸船上。在这种情况下，限令他们把鸦片全部缴出来谈何容易。为完成这项极为艰巨的任务，林则徐制订了一套周密的办法：

一、对鸦片贩子严格对待，打击鸦片贩子的侥幸心理和对中国法令的轻视。

二、指责串通英国鸦片贩子、藏垢纳污的行商，并令他们传谕鸦片烟贩缴烟具结，转变立场为祖国服务。

三、做好同英国商务监督义律以及鸦片贩子的阻挠活动作斗争的充分准备。

3月18日，林则徐会同邓廷桢、怡良等人，在钦差行辕传见十三行洋商。十三行洋商是清政府指定的垄断对外贸易的官商，此时共有十一家。这些洋商多年来暗中帮助外商贩卖鸦片，走私白银，刺探消息，从中得赃致富，林则徐早已探明洋商的底细。

林则徐愤怒地斥责洋商堕落失职的可耻行为，指出政府设立公行是为杜私通而防禁物。因此，他命令洋商将禁烟告示——《谕各国商人呈缴烟土稿》速往商馆传达给外商，并限三日内回复。

洋商匆匆赶到十三行公所传见外商，由通事用英语宣布林则徐的谕令。林则徐在谕令中指出，鸦片走私"骗人财而害人命"，外国鸦片贩子用"此物蛊惑华民，已历数十年，所得不义之财，不可胜计，此人心所共愤，亦天理所难容"。

林则徐义正言辞地责令他们将鸦片全数缴出，并填写中、英两种文字的保证书，声明以后来船，"永不敢夹带鸦片，如有带来，一经查出，货尽没官，人即正法，情甘服罪"。如遵令在三日内回复，则奏请皇帝既往不咎，酌情奖励。但若以后再犯，既应遵照新例，一律从重惩罚。

为防止外商将鸦片转移到澳门，林则徐又责令广东海关监督豫坤发布通告，暂时禁止外商赴澳门。

所谓"人为财死，鸟为食亡"，尽管时间紧，风声急，但外国鸦片贩子都将鸦片视为珍宝，全部藏起来，不愿回复缴烟的数目和时间。

3月21日，这是林则徐指定的最后一天期限。外商商会开会研讨对策，企图按照以往惯例，以一张不再和鸦片发生关系的保证书和一笔对方满意的贿赂蒙混过关。

当晚，几名洋商悄悄来到林则徐的行辕。但他们还没来得及把"孝敬"给林则徐的金银珠宝拿出来，林则徐就发怒了，言辞激烈地斥责了他们。随后，洋商赶到商馆传达了林则徐的回谕：如果不马上答应呈缴鸦片，明早10时他就亲自到十三行公所办理一切事宜，并首先审讯洋商，予以法办。

外国鸦片贩子们这才意识到，他们碰到了"刺头"。慌乱不已的鸦片贩子连夜召开紧急会议，商议次日如何答复林则徐。一名鸦片贩子还存在侥幸心理，说道：

"中国官员没有不贪财的，可能我们送去的钱太少了。不如让总商伍绍荣再去试一次。"

十三行总商伍绍荣摇了摇头，回答说：

"这次我们真的碰上了'刺头'，那林则徐不等我们把银两拿出来就发火了，看来不是因为钱少啊！"

一名鸦片贩子接着话茬说：

"既然如此，那我们就干脆抵赖到底！"

总商伍绍荣又说：

"恐怕不济事。钦差大人既然有意禁烟，看不到鸦片是绝不会善罢甘休的。"

外国鸦片贩子们这才七嘴八舌地问道：

"那现在该怎么办？"

伍绍荣想了想，说：

"看来，这次不扔出一些鸦片是不能平息事态了。不如取个折中方案，大家各自拿出一些货，交差了事。"

众人无奈，这才勉强同意拼凑1037箱鸦片上缴。

（三）

3月22日，林则徐在接到外国烟贩答应缴烟1037箱呈报的同时，又收到了广州地方官员的报告。报告指出：美国商人中绝大多数愿意缴烟，但被英国大鸦片贩子颠地阻挠；颠地所带烟土最多，正在意图免缴。

林则徐大惊，忙问：

"果真有这样的事情？"

地方官回答说：

"千真万确。卑职不敢欺骗钦差大人。"

林则徐沉思了片刻，忽然转怒为喜，微笑道：

"他们愿意玩下去，本钦差就陪他们玩到底。"

随后，林则徐下令传讯颠地。同时，他又命邓廷桢传讯外商，驳回外国鸦片贩子的呈报。

林则徐坚决禁烟的行动终于触怒了鸦片贩子。英国驻华商务监督义律得讯后，蓄意将中国正当的反烟毒、反走私的斗争曲解为两国政府之间的争执，疯狂地掀起战争叫嚣。他发出通知，命令所有停泊在洋面上的英国船只开到香港去，并挂起英国国旗，准备抵抗中国政府的攻击。

与此同时，义律还气势汹汹地致函邓廷桢，对中国方面加强海防的措施横加指责，甚至以挑衅的口吻问道：

"是否想同在中国的英国人作战？"

实事求是地说，此时的林则徐对中外差距认识严重不足，没有看到中国与西方资本主义国家之间的差距。他内心还认为，堂堂天朝上国难道还怕你们这些蛮夷吗？我大清水师难道还怕你们几艘军舰？

当然，不能因为林则徐没有意识到中外的差距就否定他的历史功绩。毕竟，整个中国当时能放眼看世界的人也没几个。

3月24日，义律星夜乘船从澳门赶到广州商馆，怂恿鸦片贩子不要缴烟。当晚，颠地来到商馆，向义律求助。义律怂恿颠地说：

"现在你已被中国政府派来的钦差大臣盯上了，还是赶快逃走为妙！"

当晚，颠地就乘船出海，准备逃往他处。商馆里的中国雇员发现后，立即联络渔民把他截了回来。

义律闻讯后大怒，立即召集全体外商开会，叫嚷外商统一行动，对抗中国的禁烟令，并为他们打气说：

"我要和你们在一起，直到我最后一息！"

义律还把颠地安置在自己的房间里进行保护。这样一来，鸦片走私的巨额利润，以及英国政府与鸦片贸易的肮脏关系，把义律心中最激烈、最卑劣的感情唤起来了，他不顾一切地想要维护鸦片贩子的利益。

精明善断的林则徐认识到，此时抗阻禁烟的人已不是颠地，而是义律。按照清政府违抗法令即行封舱的惯例，林则徐下令停止贸易，并派兵封锁商馆，撤掉商馆里所有的中国雇员，断绝商馆与趸船之间的交通。自投罗网的义律，成了瓮中之鳖。

3月26日，林则徐通告义律，外商一经将趸船烟土全数缴出，不仅一切恢复正常，而且以后各外商均可在华从事正当贸易。林则徐的措施，仁至义尽，有理有节。

可是，义律和鸦片贩子们却无中生有，声称中国政府的上述措施是"越轨行为""英国人民的生命财产处在十分可怕的危险之中"。

事实上，商馆不是领事馆，中国政府官吏为维护本国正当利益，令犯罪分子缴出违禁品，采取暂时封锁内外联系的措施，在国际法上也是无可非议的。

义律等亦官亦商之人早已看清了清政府外强中干的本质，企图以政治恫吓吓退林则徐。但是，他打错了算盘，意志坚定的林则徐绝不会因为他的几句恫吓之词就打退堂鼓的。

林则徐自幼聪慧。有一次参加童子试，父亲怕他走路累了影响考试成绩，便让他骑在自己肩上赶路。主考官见林则徐年少，有意考考他，即景出了一上联："予骑父作马。"林则徐不慌不忙，一边下地，一边应声答出下联："父望子成龙。"

第十五章　销烟入海

不为君王忌两宫，权臣敢挠将臣功。黄龙未饮心徒赤，白马难遮血已红。尺土临安高枕计，大军何朔撼山空。灵旗故土归来后，祠庙犹严草木风。

——（清）林则徐

（一）

林则徐强硬而正义的封舱、封馆行动很快取得了积极效果。他封馆的当日，就有一些美国商人具结保证，以后不再"贩卖鸦片"，"若有违反，甘受惩罚"。

义律则领着一帮英国鸦片贩子继续顽抗。他要求林则徐颁发护照，并威胁说：

"如果贵国不发给护照，本人有权认定本国的人和船已被强行扣留，届时，本人将报告本国政府，采取相应行动。"

林则徐冷静而坚决地回答说：

"一定要先缴烟，然后自然会颁给护照。"

义律终于黔驴技穷了，只好组织鸦片贩子缴烟。3月27日，义律被迫命令英国商人缴烟。不过，谁也没注意到，这个狡猾的英国人在缴烟时说的一句话：

"全部鸦片均由他以英国政府代表的名义转交给中国政府，保证烟价以后全部由英国政府赔偿。"

如此一来，中国政府处分鸦片贩子的问题就变成了中英两国政府间的交涉，这也为以后英国发动侵略战争制造了借口。

英国的鸦片贩子得到了义律的承诺，纷纷缴出鸦片。一些美国的鸦片贩子则持观望态度。义律又前去游说，对众人说："英国政府将赔偿各位的一切损失。你们就放心地把烟土上缴给中国政府吧！"

美国的鸦片贩子立即意识到，老谋深算的义律这是要把美国拉下水，企图在将来的战争中共同对付大清王朝。

4月3日，林则徐派员与义律派出的代表一道赴虎门等处缴烟。鸦片贩子们驾驶着小船，络绎不绝地来到虎门，将一箱箱鸦片运到指定地点。

4月11日，林则徐会同两广总督邓廷桢，亲自到虎门监收。他看着眼前的情景，心里百感交集，既有胜利的喜悦，也有对未来不可预知的担忧，不知道英国人接下来还会耍什么花招。更让他担心的是，朝中反严禁的官吏步步紧逼，天天在道光帝面前进谗，不知什么时候禁烟工作就会陷于停顿。

以穆彰阿和琦善为首的反严禁派逼于时势，表面上也在力行禁烟。但是，这批人直接间接、或多或少地都与鸦片贸易有关系，他们不甘心因为禁烟而失掉自己的切身利益。穆彰阿首先抓住审议严禁鸦片章程的权柄，妄图将吸食贩卖鸦片的罪名减轻。只是由于道光帝的执拗，未能通过。

明的不成，又来暗的。他们在道光帝面前大进谗言，攻击收缴烟膏烟具是地方官意在邀功，希图塞责，对林则徐提出的严禁措施来了个釜底抽薪。

糊涂的道光帝竟然听信其言，于4月16日下旨：

"嗣后拿获吸烟人犯，不准以呈缴烟膏烟具入奏"。

如此一来，正在蓬勃兴起的禁烟运动遭到了来自内部的巨大阻力。谕旨尚未送达广州，风声早已走漏至粤。羊城内外，已经是蜚语丛生，"禁烟已弛，有枪有烟，仍听存留"的谣言，不胫而走。负责收缴的乡绅到乡下查访之时，便受到鸦片吸食者们的阻挠，"谓已奉旨免缴，何得多事"。

就在这时，两江总督陶澍因病重上折奏请辞职，接着在《恭谢恩准开缺折子》中，又以"林则徐才长心细，识力十倍于臣"，荐举林则徐继任。

道光帝遂于4月22日下令，调林则徐接任两江总督，未到前由陈銮署理。这表明，亲自决断特派林则徐赴粤查禁鸦片的道光帝，已经把禁烟放在次要地位，准备让林则徐去整顿疲敝不堪的漕务了。

（二）

5月18日，林则徐在虎门接到调任两江总督的谕旨。新的命令给林则徐带来了新的忧虑。他担心很快就会被催赴新任，不能和禁烟运动相始终，几个月来呕心沥血为之奋斗的事业将要功亏一篑。想到这些，林则徐的心中不禁升起凄凉而痛楚的情绪。

在写给广东巡抚怡良的一封信里，他怅惘地说：

"缴土之折回来后，定将此间烟事归与两贤（指邓延桢、怡良），即催愚兄速赴新任。上学之期不远，而旧日学堂功课之难犹在，梦寐思之，能无神沮？"

尽管可怕的腐朽势力肘掣着林则徐，但他并没有动摇自己的斗志。他上奏道光帝，力陈缴烟之后，禁烟运动不能停止，他应该继续留在广州主持禁烟工作。

缴烟工作持续了一月有余，直到5月21日才初步结束，共收缴鸦片19187箱零2119袋。除美国烟贩子上缴的1540箱外，其余全部为英国烟贩的鸦片。单是广东一省就收缴了近2万箱鸦片，且绝大部分都是鸦片贩子自己上缴的。没有上缴和没有查处的地方，到底还隐匿着多少鸦片，不得而知。

林则徐收缴鸦片的胜利，在清政府禁烟史上是破天荒的第一次。这一胜利如同惊雷一般，轰得珠江口岸零丁洋上的鸦片走私船纷纷逃窜。广东的官员对林则徐无不佩服得五体投地，百姓则把他当成了救世主。

从趸船上收缴来的鸦片，全部被堆放在虎门寨下水师提署和附近的民房庙宇内。由于存贮鸦片的烟箱每个长约1米，高0.5米，宽0.5米，每个大房间只能堆放四五百箱。房屋不够存放的，只好按贮烟地点分成数片，每个房屋外另筑围墙，搭起高棚，贮放烟箱。

有官吏指着鸦片，对同伴开玩笑说：

"这都是黄金啊！"

同伴笑答道：

"比黄金都贵！不过，在钦差大人的威慑下，谁也不敢打这些烟土的主意。"

果不其然，当晚就有一大队水师奉林则徐之命来到虎门，将水师提署和附近的民房庙宇全部围了起来，以防范有人盗窃。

收缴工作初步结束后，林则徐便会同两广总督邓廷桢、广东水师提督关天培等人，商议处置办法。邓廷桢建议说：

"此次收缴的烟土如此巨大，理应解往北京，由朝廷验明烧毁。"

关天培也赞同此议。

起初，林则徐也觉得应该这样做，但略一沉思，他又觉得这样做风险太大。从虎门到北京，路途遥远，且不说容易招山贼土匪，就是押解之人也难免见财起意，偷漏抽换。

想到这里，林则徐缓缓说道：

"数日前，本官曾听见这样的议论：'这些烟土贵比黄金。'把这么多'黄金'押往京师，难免会出意外，不如就地销毁。"

邓廷桢觉得林则徐说得有道理，便说：

"钦差大人说得极是。只是，此事还是先请示圣上为好。"

林则徐捻着胡须，点点头，笑答道：

"这是自然。"

当晚，林则徐就会同邓廷桢、关天培等人拟写奏折，向道光帝请示处置鸦片的办法。第二天，差役快马加鞭，把林则徐等人的奏折送往京师。

（三）

林则徐判断，道光帝定然会采纳他的意见。于是，在等候道光帝谕旨之时，他就开始广咨博采，寻找大量销毁鸦片的有效方法。

在湖广禁烟时期，林则徐曾采用桐油焚化法，但焚烧过之后，仍有十分之二三的鸦片残膏渗入地内，流毒难清。因为鸦片很容易从土中分离出来，再次熬制成毒品，祸害一方。

经过访查，林则徐得知鸦片最怕石灰和盐卤。将鸦片投入到石灰和盐卤中，很快就会变成渣沫，不能再收回成膏。但是，这种灰、盐煮化的方法虽比焚化科学，却不适合大规模销毁。

林则徐便将关天培等人叫来，共同商议对策。关天培说：

"除了灰、盐煮化的方法，其他方法恐怕都不可行。"

林则徐忧虑地说：

"关提督所言极是。只是，这种方法似乎并不适合大规模操作。"

关天培笑道：

"这有何难？大人不妨采用挖池浸化的方法。"

"哦？"林则徐问道，"何谓挖池浸化？"

于是，关天培便把自己的想法说了出来。林则徐大喜，立即令关天培组织人力挖掘池子。

不久，关天培便率部在虎门海滩的高处挖了两个长宽各50米的方形地子，池底平铺石板，四周树立栅栏；池前开一涵洞，作排泻鸦片渣沫之用；池后挖一水沟，以便引水冲刷池子。这样，只要不断向池中投放石灰和盐卤，再多的鸦片都能销完，而且绝无残渣渗入地下的危险。

就在林则徐紧锣密鼓地准备销烟之时，街头巷尾突然起了一种议论：林则徐绝对不会把如此之多的鸦片悉数销毁，说不定他会奏请道光帝，将其作为政府专卖品，而后促使鸦片贸易合法化。

毫无疑问，这一风声是外国鸦片贩子放出来的。当时，不少外国人都以怀疑的眼光看待禁烟运动。譬如，义律就不相信林则徐会销毁鸦片。当缴烟达到半数时，义律写信给英国外交大臣巴麦尊说，他估计这批鸦片将会被作为政府专卖，而令今后的鸦片贸易合法化。在广州商馆里的许多外国人也都断言中国人不会焚毁鸦片。

但是，这些人以小人之心度君子之腹的鸦片贩子们错了。5月30日，道光帝的谕令到达广东。他不但同意了林则徐提出的就地销毁之法，还对他们在广东取得的成绩给予了充分的肯定。林则徐大喜，立即下令准备销烟。

6月3日，久雨初晴，阳光灿烂。虎门寨下，观者如潮；山前山后，哨兵林立。下午2时许，林则徐由广东巡抚怡良和粤海关监督豫堃陪同，登上礼台。礼台上，挂着麒麟帐，铺着红地毯。礼台前，飘着一面黄绫长幡，上面题有"钦差大臣奉旨查办广东海口。事务大臣节制水陆各营总督部堂林"几个大字。

场面庄严，气氛热烈。林则徐遥望南天，心潮澎湃。他屏气冷静半晌，随后高声下令：

"焚烟开始。"

顿时，轰隆的礼炮齐鸣，震惊中外的虎门销烟开始了。只见文武官员督率士兵和民工先由水沟放水入池，然后撒下盐巴，再将劈箱过秤后的鸦片逐个切成四小块，抛入池内，经过半天的浸泡，再将一担担烧透了的石灰倒下去。

民夫们站在池子的跳板上，用铁锄、木耙反复翻搅。倾刻间，销烟池内滚沸如汤，不炊自燃。一池销毁完毕，马上打开涵洞，冲刷入海，另一池又开始浸化销毁。被焚毁的鸦片化成渣沫，随着退潮的海水流入了大洋。

（四）

销烟这一天，观者如潮，其中既有前来为林则徐助威的普通百姓和士子，也有受邀前来参观销烟过程的外国人。根据道光皇帝关于准许外国人"共见共闻"的谕旨，林则徐在销烟前发出告示，准许外国人前往参观。

允许外国人参观销烟经过的通告发布后，美国奥立芬洋行股东经和眷属、传教士裨治文、商船"马利逊"号船长弁逊等约十人，乘坐"马利逊"号，从澳门出发，赶往虎门参观，17日上午抵达销烟地点。林则徐请他们进入栅栏内、销烟池前，观察销烟的全部过程。

在事实面前，这些外国人也不得不佩服中国人办事认真的态度了。美国奥立芬洋行股东恭恭敬敬地走到林则徐面前，摘帽敛手，表示敬佩。美国传教士裨治文在其主编的《中国丛报》上撰文说：

"环绕我们的场面全都是令人高兴的，给人印象相当深刻……我们曾反复考察过销烟的每一个过程，他们在整个工作进行时细心和忠实的程度，远出于我们的臆测，我不能想象再有任何事情会比执行这一工作更加忠实的了。"

的确，在当时贪污腐化的官场之中，查禁鸦片已成为勒索贿赂的手段。林则徐能够如此认真、果断、彻底地销毁鸦片，实为难能可贵。他用自己的勇敢、智慧、坚韧不拔的毅力和认真严肃的作风，为中华民族赢得了自尊。

当夕阳西下、大海退潮之时，鸦片化成的渣沫随着潮水一起涌入大海，参观的百姓发出了阵阵欢呼。一些英国的鸦片贩子则眉头紧锁，看上去心事重重。他们不但在为鸦片化成渣沫涌入大海而心痛不已，还在努力寻思着如何用武力打开中国的市场，挽回所谓的"损失"。

林则徐看着这些英国鸦片贩子，喃喃自语道：

"看来他们还是不死心。"

说着，林则徐便派人把参观销烟的外国人召集到销烟池畔的棚厂。当着众人的面，林则徐宣称：中国政府对今后走私鸦片者，必予以最严厉的惩处；而对于从事正当贸易的外商，则将给以恩惠。并且，走私决不容牵累合法贸易。

一名英国鸦片贩子问道：

"钦差阁下，难道您就不怕您的举动会引来战争吗？"

林则徐早就预计到英国侵略者不会就此罢休，甚至可能进行武装挑衅，但他没有退缩。他盯着那名鸦片贩子的眼睛，义正辞严地回答说：

"我们不怕战争！"

林则徐此话一出，整个会场顿时安静下来。

整个销烟过程历时20天，除奏准8箱作为样品保留外，共销毁鸦片19197箱零2119袋，净重达1188.127吨。

从销烟开始的那一天，林则徐就亲驻虎门监督，直到6月25日鸦片全部销毁，林则徐、邓廷桢才满怀胜利的喜悦，登舟离开虎门海滩，回到广州。

当林则徐在虎门主持销烟工作之时，广东全省肃清鸦片流毒的斗争也取得了很大的成果。从5月13日到6月28日，各州县先后报获烟案140起，拿获贩卖、煎熬、吸食人犯192名，收缴烟土烟膏5吨多、烟枪2.75万余杆、熬制鸦片的烟锅353口。

虎门销烟是中国人民禁烟斗争的胜利，它向全世界表明了中国人民维护民族尊严和反抗外国侵略的坚强意志和决心。

第十六章　严令具结

不孝父母，奉神无益。

——（清）林则徐

（一）

　　禁烟运动取得了阶段性的胜利，但麻烦随后也接踵而至。林则徐多次要求外国商人出具永不夹带鸦片具结（保证书）的命令，但除了部分美国人签了之外，其他人全部拒绝签署。英国的鸦片贩子尤其顽固，他们甚至宣布解散"外侨商会"，企图与林则徐对抗到底。

　　义律的态度更为横蛮，他不但当场撕碎了具结式样，还鼓动英国鸦片贩子联合对抗中国政府的禁烟运动。林则徐大怒，立即令关天培率部将16名臭名昭著的英国鸦片贩子驱逐出境。

　　6月11日，义律大发厥词，攻击林则徐"忘义施强而行"，并暗示英国将会报复。三天后，他又指责那些愿意遵照林则徐的命令，打算具结进口贸易的英商，"只顾自己的意见和个别利益而把公众主张和一般考虑置诸脑后"，是"极其可耻和恶作剧的"，并叫嚷着绝不与鸦片贸易切断关系。他说：

　　"我相信，在女王确凿而有力的干涉能及于中国海岸以前，在打破了中国政府满以为它所干的事情会永久受到容忍的那种幻想以前，我决不会自处于这样一种为难的境地，竟对女王陛下的任何臣民发出特别禁令，要他们中止那种既损国体面又危害无辜人众的勾当，虽然那些无辜人们的性命会牺牲在他们的贪婪之中。"

义律的态度助长了英国鸦片贩子拒不具结、破坏禁烟运动的嚣张气焰，他们称这是"以一个本国政府机关的名义所发布的积极命令"。

鸦片贩子们在义律的鼓动之下，纷纷撤出广东，公开在福建沿海一带走私鸦片，将大量陆续运来的鸦片贩运到中国。虎门销烟所取得成绩受到了沉重的打击。

义律和英国鸦片贩子破坏于外，反禁烟官吏和中国鸦片罪犯则捣乱于内。道光帝那道不准以收缴烟土烟枪入奏的谕旨，给全国方兴未艾的禁烟运动泼了一盆冷水，致使广东以外各省收缴烟土、烟枪的工作几乎陷于停顿。这又在客观上给英国鸦片贩子转移到福建沿海创造了条件。

心急如焚的林则徐坚持收缴烟土、烟枪是肃清鸦片流毒的主要手段，因此上奏力争，焦急地恳求道光帝特颁申谕，允许以收缴烟土、烟枪入奏。林则徐这样说的，也是这样做的，他与邓廷桢一同拆毁平台17座，令广东官吏销毁收缴解省的烟土、烟枪，并亲临现场观看煮化鸦片10吨。

在继续收缴和销毁烟土、烟枪的同时，林则徐还本着"除恶务尽"的宗旨，"督属勉益加勉，根株一日未净，即购捕不容一日或疏"。林则徐接连几天亲审鸦片罪犯和知法犯法的水师官，又借"观风试"机会，向645名粤秀、越华和羊城书院肄业生问卷调查广州鸦片流毒情况，从中获得了大量的资料，惩办了一批官吏。

林则徐坚持，采用具结措施是建立在对外国商人"惟利是图"、"断不肯舍却广东码头"的认识基础之上的，也是合理可行的。从访查外国情况的过程中，他看到外商"来粤贸易，实系利市三倍，不惟以该国之货牟内地之利，并以内地之货牟各国之利""利之所在，谁不争趋，即使此国不来，彼国岂肯不至？"

6月23日，林则徐与邓廷桢颁布管理外商外船新章程，并不顾义律的再三抵赖，向外商发出具结式样，严格执行具结贸易政策。他还用中国式的英文发布告示，重申具结贸易的主张。

当然，林则徐的行动也得到了一些比较客观的外国人的理解和同情。其措施在实施过程中，也在一种程度上起到了孤立义律和英国鸦片贩子的作用。具结与反具结的斗争，成了虎门销烟后中英在处置鸦片贸易上争执的焦点。

（二）

义律率领一帮抗拒具结的英国商船从黄埔港撤出后，与缴清烟土尚未回国的鸦片趸船一起退泊到九龙尖沙咀一带海面。新近从印度等地开来的英国商船，也奉义律禁止具结进口贸易的命令，聚泊在这里。

外国商船越聚越多，形势也越来越严峻。林则徐发出通告，给予五天期限，让他们选择来去二途。善良的愿望当然不能感化奸诈的义律，五天过去了，尖沙咀一带的英船毫无驶离的迹象。半个月后，英船水手甚至还制造了一起骇人听闻的流血事件。

7月7日这天，一群英船水手窜到尖沙咀村酗酒作乐，无端挑衅，借酒殴打中国居民，甚至将一个名叫林维喜的村民打死。事发后，义律立即赶到尖沙咀村，"安抚"死者家属和被殴打的村民，妄图以重贿换取村民承认"命案纯由误会发生的"。令人惊讶的是，死者林维喜的儿子林伏超竟在重金的诱惑下出具了一张"此安于天命，不关夷人之事"的证明。

7月12日，林则徐接获报告，立即派新安（今宝安）县知县查办，查明确系英国水手酗酒行凶。案情查清后，林则徐又认真研究了外国法律，确信"杀人偿命，中外所同"，因此理直气壮地坚持要求义律交出凶手。

然而，义律存心践踏中国主权，对林则徐的"笔谕口传，一概不理"，竟于8月3日非法宣布在中国领海设立一个"具有刑事与海上管辖权的法庭"，由他们自己审案，并邀中国官员到场旁听。

在禁烟过程中，林则徐通过与买办等比较熟悉外国情况的人接触，对一些基本的国际法已经有所了解。他对义律这种践踏中国主权的行为非常愤怒，因此立即宣布：义律的"审讯"是非法的。

林则徐还义正言辞地质问义律：

"如果死者是英夷，将要凶手抵命耶？抑或可以不抵耶？"

义律并没有打算惩处凶手，他建立所谓的"具有刑事与海上管辖权的法庭"也不过是为了掩人耳目，平息中国百姓的怨气。因此，审判拖延了一个多月，最后只是监禁3—6个月，罚金15—20英镑不等。

林则徐异常气愤。为维护中国的独立主权，他于8月15日下令断绝对英商和澳门英商的柴米食物供应，撤其买办工人，并勒兵分布各处要口，实行戒严。

义律决心退到海上，等候本国政府的训令和援兵，采取战争行动。恰在此时，1艘从澳门退出的英船遭到3只中国海盗船的劫掠，导致船上8名水手和乘客下落不明。义律立即以此为借口，宣布断绝与中国政府的公文往来。

8月26日，义律将留在澳门的英国商人和商人家属全部撤到海上，暂居在尖沙咀货船和一些空趸船上。

至此，具结和惩凶的斗争已发展到了巅峰，双方的矛盾进一步激化，一场战争已到了"山雨欲来风满楼"的阶段。

（三）

随着局势一步步紧张起来，林则徐已经意识到，义律很可能会狗急跳墙，采取过激行动。为了保护沿海居民，林则徐下令水师加强戒备，采取必要的自卫措施。与此同时，他还争取澳门葡萄牙当局和外商的支持，以孤立顽抗的义律和英国鸦片贩子。

林则徐采取的这些措施起到了一定的作用，但要想完全奏效是不可能的。一则，广东水师军纪涣散，战斗力极差，不可能打败英国人的坚船利炮；再则，连林则徐自己都已意识到，"粤营以水师为最优，其岁入得至粮饷者百之一，得自土规者百之九十九，禁绝烟土，则去其得项百之九十九，仍欲其出力拒英夷，此事理之所必不得者"。

8月29日，英国驻印度总督奥克兰应义律之邀，派出军舰"窝拉疑"号驶抵中国的九洲洋面。澳门厅发现这艘不明国籍的军舰后，立即派引水（引导船舶进出港口或在内海、江河一定区域内航行的专职人员）前往查问。"窝拉疑"号竟然开枪攻击，拒绝盘查。此事由于中国方面的极力隐忍，最终才没有继续升级。

9月1日，"窝拉疑"号和新来的四艘货船驶至尖沙咀。九龙湾巡洋师船按照林则徐命令，严格查禁食物接济，密切注视英舰动静。

连日来，广东沿海大雨滂沱，阴云密布，直到9月2日才云散日开。林则徐和邓廷桢决定前往澳门巡阅。他们此行受到了澳门方面中国居民的热烈欢迎。然而林则徐无论如何也没想到，就在他巡阅澳门期间，广东出事了。

9月4日上午9时，义律和"窝拉疑"号舰长（兼任英国海军驻华司令官）士密等乘坐"路易莎"号，带着几只武装快艇从香港出发，开到九龙山炮台附近海面，假装要求供应食物，向在该处防护炮台、查禁接济的大鹏营3只师船寻衅，声称半小时后不供给食物，他就要击沉水战战船。

中国水师认为义律是在无理取闹，因此未予理睬。然而，疯狂的义律竟然真的在半小时后下令开炮轰击师船，当场击毙兵丁1名。大鹏营参将赖恩爵当即立断，下令各船和九龙山炮台一齐反击。

瞬间，九龙海面陷入一片混乱之中。九龙炮台和中国师船猛烈开火，集中打击义律的"路易莎"号。"路易莎"号主帆中弹19发，几乎被击沉。两个半小时后，英船败退，中国师船奋勇追击。

下午5时，英舰"窝拉疑"号、武装鸦片走私船"威廉要塞"号等赶来援助，也被击退。6时半，英船向尖沙咀方向逃去。

两天后，刚从澳门抵达虎门的林则徐接到了九龙海战的战报，大惊失色。他原本以为，义律拒绝上缴鸦片、拒绝具结，不过是他个人不明事理，企图大发不义之财罢了。但他没想到，义律之所以敢如此嚣张，正因为背后有英国政府在为他撑腰。

事情闹大了。林则徐赶紧召集两广总督邓廷桢、广东水师提督关天培等人，商议对策。众人各抒己见，未能取得一致。最后，林则徐决定"察看该夷动静，以筹操纵机宜"。

5月13日，林则徐在虎门观看水师列阵操练演习。士卒们群情激昂，抵抗侵略的士气高涨，这让林则徐稍稍安心一些。看来，他之前对广东水师的判断不甚准确，士卒们虽然失去了一条"财路"，但绝不会置国家安危于不顾。

（四）

义律战败，英商内部的矛盾也逐步激化。九龙海战后，中国水师的巡缉更严了，尖沙咀英船的食物供应非但未能解决，而且愈发困难。由于抗拒具结、交凶、缴烟，许多合法商人的货物也卖不出去。

然而，广东天气炎热，各船中如洋米、洋布、棉花等，难免潮湿霉烂。商人们吃不饱，又眼看着货物一点点烂掉，不免怨声载道。义律眼看坚持对抗捞不到好处，便赶紧召集众人商议对策。

英商们七嘴八舌，有的建议向林则徐妥协，以便在广东沿海展开合法贸易；有的坚持对抗，并向英国政府求助。义律综合了两派意见，决定先向林则徐求和，以便在谈判中拖延时间，顺便把发霉的货物处理掉，调和内部合法商人和鸦片走私商人的矛盾，然后再向英国政府求助，用军事手段打开中国市场。

9月16日，义律恳求澳门葡总督代为"乞诚"。林则徐半信半疑，他不相信顽固的义律会突然改变主意。不过，他也不希望中英两国真的打起来，遂于当天下午通知义律，表示可以在缴烟、交凶、驱逐烟贩和趸船的前提条件下，与对方达成和平解决。

基于义律反复抗拒的教训，林则徐还决定在"明有范围"的同时，做到"暗有把握"，即"临以重兵""直使该夷计穷心慑"，没有反复的余地。

义律的确走到了谈判桌旁，并交了书面答复，表面上同意林则徐提出的三大条件，而实际上都是进行抵赖和狡辩，坚持不愿具结，只愿听候搜查，更不愿意交出杀人凶手。

林则徐对义律求和条件的答复十分不满，但为了打破僵局，他还是决定在具体问题上作些通融。关于具结，林则徐让了一步，允将"具结与搜查二事合二为一"，情愿遵式具结者，准予照常贸易，不必搜查；不愿具结者，应赴沙角接受搜检，如果真的没有鸦片，仍准许其进行贸易。若不遵式具结，又不肯接受搜查，限三内回国；否则，定即驾驶火船，烧灭除害。至于交凶，"允许再展限十天"。

为避免义律故意延误，并利用英国合法商人和鸦片贩子间"正不得齐心"的矛盾，打乱义律的阵脚，林则徐又将具结与搜查合二为一的新办法撰成告示，广为宣传。告示中，林、邓再次表示断绝鸦片百折不回的坚决态度，其中说道：

"本大臣、本部堂千言万语，无非必要断绝鸦片。若鸦片一日不断，即一日不肯歇手。此次尔等贩卖鸦片之念，直须永远断去。倘敢再图走私，定按新例正法，悔之何及。"

129

10月13日，义律表示，"此次所谕各事，远职皆已洞晓，似不难循照，即行善妥办明"，并提议15日重开澳门谈判。

10月14日，林则徐决定派余保纯等与义律再次谈判。然而，义律仍是玩弄花招，虽有已具结进口的英商从旁劝说，却还是毫不松口。会议三天，全无进展。

到了20日，余保纯等曲解林则徐"具结与搜查合二为一"的方针，置三个前提条件于脑后，向义律妥协，达成了在沙角搜检英船的协议。

然而，在谈判桌上捞到便宜的义律气焰更加嚣张，竟然纠约英商数人到澳门开会，抗拒具结，并将凶犯解回本国。

第十七章　腹背受敌

森森寒芒动星斗，光射龙穴龙为愁。蛮烟一扫海如镜，清气长此留炎州！

——（清）林则徐

（一）

10月23日，林则徐接到余保纯等人的报告，十分愤怒。几天后，林则徐针对义律的种种违抗再次谕令具结、交凶、查拿汉奸，并宣布"所有到澳主议不愿具结之夷商，应俱不准贸易"，勒令英商退出澳门，交出凶手、烟贩和汉奸。如再违抗，即派令师船赴尖沙咀围拿。

为此，林则徐还进行了妥善的布置，下令在关闸等处加派重兵驻扎，并表示坚持具结措施的决心。他说：

"若本大臣不能令其出结，竟听贸易，则直夷人之不如，不敢再言国事。所有在事印委人员，愿与本大臣同心，则此后定以取结为事，不结不已。如其知难而退，则亦听之。"

10月28日，林则徐得到义律已将凶手解回本国的通知和洋商劝导英商具结经过的报告后，立即决定驱逐英商回国，动兵围拿杀人凶手。林则徐的补救措施，使义律眼看捞到手的便宜又落空了。

恼羞成怒的义律终于露出了侵略者的凶残本相，决定提前将侵略战争提到日程上来。他立即拜会英国海军驻华司令官士密，恳求他"即行采取您认为最好的步骤，以防止英国船只落到中国政府手中"。

士密心领神会，当天便率领英舰"窝拉疑"号和后来到的"海阿新"号驶离澳门，向虎门进发。具结和惩凶的外交斗争迅速升级为军事斗争。

义律之所以敢如此明目张胆地对中国大行侵略，主要因为有英国政府和海军在背后撑腰。早在10月1日，英国内阁就决定，"对三分之一的人类的主人（即中国人）作战"。与此同时，外交大臣帕麦斯顿也根据鸦片贩子们描述的作战计划，正式将英国政府发动侵华战争的决定通知义律，并说明了"纲要"，预定远征军于1840年3月到达中国海面。

得到了英国政府和海军部的支持，义律和士密更加有恃无恐。他们对清朝水师的情况非常了解，知道清朝水师绝非英国海军的对手。

11月2日，士密率英舰驶入沙角。广东水师提督关天培立即率部前往监视。为避免事态扩大化，中国水师并未采取任何驱逐行动，只是积极防御。

士密以为关天培怯战，企图用恫吓的方式迫使林则徐撤回尖沙咀的水师。林则徐义正言辞地表示：

"只要义律交出凶手，水师便可考虑撤回。"

士密故意刁难说：

"义律曾再三声明并不知道凶手，如已查出，他早就惩办了。"

就这样，双方再次陷入僵局。

11月3日中午，已遵守具结的英船准备报关入口。士密以武力横加阻挡，关天培正准备查究，士密竟下令"窝拉疑"号出其不意地炮击师船，结果炸毁火船1只，烧毙兵丁6名。

关天培大怒，立即下令开炮回击。双方激战一段时间后，"窝拉疑"号且战且退，离开了沙角。关天培向林则徐汇报了战况，林则徐又向道光帝汇报。

道光帝洋洋得意，暗道：

"蛮夷之海军果然不堪一击。看来我大清水师确实是天下无敌！"

可是，道光帝开心得太早了。英国海军暂时战败，主要由于兵力不足，后勤补给跟不上。单论装备和单兵作战能力的话，英国海军远胜于清朝水师。

沙角海战之后，英舰又多次进犯官涌山营，均被中国守军击退。林则徐接连收到官涌山反击战胜利的捷报，兴奋异常。他决定趁此良机，重申"以生死甘结为断""奉法者来之，抗法者去之"的区别对待方针。

就在聚集海上的英国商人快要撑不住的时候，道光帝的一道圣旨击垮了林则徐同英商作战的信心。1840年（道光二十年）1月2日晚上，林则徐接到道光帝谕旨，具结、惩凶的正义措施被明令废止。林则徐几个月来为挽救民族危难的努力遭到了无情的否定。

与此同时，首席军机大臣穆彰阿等人也利用道光帝急于禁烟收场的心理，奏请调邓廷桢为两江总督，以去林则徐的得力臂膀。三天后，道光帝下旨，调邓廷桢为两江总督，林则徐移作两广总督。

2月3日，即旧历正月初一，林则徐接到了邓廷桢送来的关防、印信，正式就任两广总督。邓廷桢也在几天之后离开广州，北上赴任去了。这似乎预示着努力大半年的禁烟运动最终将以失败告终。

（二）

1840年春节期间，人们似乎忘记了英国侵略者正在中国海面上虎视眈眈，依旧像往年一样，忙着除旧迎新。义律则趁此机会，悄悄潜入澳门，企图暗中买通葡萄牙当局，以澳门作为对抗清政府的依托。

2月4日，义律不顾警告，悍然调遣"海阿新"号驶入澳门内港。林则徐利用英葡之间的矛盾，照会澳门葡萄牙当局，限期把义律和英商一起驱逐出境，否则将暂停澳门贸易。澳葡当局却借口"中立"不加干预。林则徐当即决定停止澳门贸易，对葡澳当局进行制裁。

春节刚过，人们又一下子回到了紧张的局势之中。在华的外商纷纷传言，英国政府即将对大清王朝不宣而战。林则徐也及时得到了探报。但是，他认为英国发动战争的传闻"本系恫喝，固不足信"。

为"防其叵测"，林则徐还是积极部署，做好防御准备。针对双方军事力量的对比，林则徐提出了"以守为战"的方针，立足为守，即避敌之长，不与英军海上交锋。为实现有效防守，林则徐还致力于加强敌人入侵时必经的海口、内河和山梁各要隘的防御工事，装配虎门各炮台，加强远攻火力；又在尖沙咀和官涌增设两个炮台，置炮56门。

在兵力部署上，林则徐也作了相应调整。"以守为战"还必须以战助守，针对英军远道而来，供应困难的弱点，他决定采取夜袭火攻战术，翦除出海接济的汉奸船只，使敌不战而自困。

林则徐虽然决定"以守为战"，但并不排除发生海战的可能性。为防万一，林则徐还积极筹造战船。1840年春，广东水师建造了一批炮艇和许多小帆船，又仿照越南制成了四艘轧船和几只欧式双桅船。一时间，广州内外成了一个巨大的兵营，处处都在秣兵厉马，紧张操练。

在秣马厉兵的同时，林则徐还密切关注着海面上的一举一动。中英贸易断绝后，查禁措施的实行曾一度使义律和英商陷入"以布帆兜接雨水，几于不能救渴"的窘境。如果这种情况再持续一段时间，哪怕是几天的时间，林则徐就会是最后的胜利者。

林则徐暂停澳门贸易后，澳葡当局出于自身的利益考虑，拒绝义律等寄居澳门的要求。于是，林则徐便恢复了澳门的贸易。义律退出澳门后，英船继续散泊外洋。此时，英国船只上的饮用水和食物供应都成了问题。

义律不是傻瓜。他手中虽然没有食物，但却有两样汉奸最看重的东西——鸦片和白银。于是，他一面廉价拍卖货物、鸦片，一面高价收买食品。

在义律的引诱下，广东沿海一带的"虱子"们出动了。他们乘着黑夜，巧妙躲过水师的盘查，纷纷环集英船，接济英船，走私鸦片。这严重地影响了林则徐使敌自困的计划。

几日后，水师探子向林则徐报告说：

"夷人已经走出困境，恢复常态。"

林则徐大惊道：

"这怎么可能呢？"

探子附在林则徐耳边，将汉奸接济英国人的事情简略地汇报一番。林则徐气得咬牙切齿，立即决定派出水师，攻击焚烧汉奸船只，以断绝英国侵略者的补给源。

一天夜里，水师在长沙湾一举烧毁了大小船23艘、沙滩篷寮6座，并生擒汉奸10名。林则徐得知长沙湾夜袭战况后十分高兴，认为"此次烧毁办艇，甚为痛快，不独寒奸之心，亦已落顽夷之胆矣"。

但事实上，英国人并没有被吓倒。他们正在积极备战，准备配合即将到来的英国海军共同攻打清朝水师。

（三）

1840年4月7日，英国下院经过三天的激烈辩论，以271票对262票的微弱多数，通过了对华用兵军费案和"英商在中国的损失，须达到满足的赔偿"的决议。随后，英国侵华远征军的舰艇便在海军少将、英国侵华全权公使乔治·懿律的率领下，从好望角、开普顿等地启程，开赴印度加尔各答集结，然后前往中国东南沿海。

6月16日，英军武装汽船"马打牙士加"号抵达广东海面。5天后，英国侵华远征军海军司令官伯麦乘载炮74门的旗舰"威里士厘"号抵澳门湾外。同日抵达的还有1艘炮位一层的军舰。

水师在巡查时发现了这一状况，立即上报给林则徐。得知这一消息，林则徐反倒镇静了。该来的终于来了，想躲也躲不掉。林则徐立即着人把关天培叫到广州，商议对策。关天培虽然此时已经60岁了，但脾气依然十分火爆。

关天培一到总督府，就暴跳如雷地吼道：

"总督大人，这些红毛贼（指英国侵略者）都欺负到咱家门口了，这口气我如何也咽不下去。请大人下令，卑职一定率部死战！"

林则徐捋了捋胡子，平静地问：

"胜算有几分？"

关天培回答说：

"红毛贼船坚炮利，占有一定的优势，但我大清水师也不是摆设。虽无必胜把握，但红毛贼想打进广州城也绝非易事。"

林则徐略一沉思，下令道：

"眼下也只好如此了。立即传令下去，沿海官兵，严阵以待。一旦发现风吹草动，立即上报。"

关天培领命而去，前往虎门等炮台安排去了。

与此同时，英国海军也源源不断地开往中国。伯麦抵华的第二天，又有10艘军舰抵达中国海面，其中兵船7艘，"均不甚大，炮位也只一层"；车轮船3艘，"以火焰激动机轴（实际上就是蒸汽动力船），驾驶较捷"。

这一天，伯麦在"威里士厘"号上发出公告：

"现奉英女王陛下政府命令，本司令特此公告：从本月28日起，对广州入口所有河道港口一律进行封锁。"

6月24日，林则徐向京城送去一份加急快报，向道光帝奏报了英军来粤和备战情况。

6月25日，英国军舰开赴广州和珠江口一带，开始实施封锁。广州城内一片混乱，百姓有的胆战心惊，惶惶不可终日；有的义愤填膺，斗志高昂，叫嚷着要参加水师，和英国侵略者决一死战；有的则冷眼旁观，仿佛一切都与自己无关……

为充分调动百姓抵抗的积极性，林则徐及时颁发了《英夷鸱张安民告示》，激励人民奋起抵抗。他在告示中说：

"照得英吉利夷人本多狡诈，且以鸦片害我民人性命，骗我内地资财，亦我民所同仇共愤。……本部堂（院）今与尔约：如英夷兵船一进内河，许尔人人持刀痛杀。凡杀有白鬼一名，赏洋一百元，杀死黑鬼一名，赏洋五十元。如持首级来献，本部堂（院）验明后，即于辕门立时给赏。擒夹带鸦片之侦船者倍之，擒及杀死鬼夷官者又倍之。如能夺炮位，亦照炮之大小，分别给赏。虽通夷之汉奸杀无赦，能立功赎罪并赏之。业经分别赏单，榜诸道路，谅尔等共知……至于十三行夷楼，内有别国夷人住处，闭户安居，不与英夷助势，断不许尔等乘机滋扰，擅行入室，抢夺杀人，立斩抵偿。其各凛遵毋违！"

应该说，林则徐的这一应战策略是正确的。英国侵略者听说这一告示后，个个惶恐不安。他们甚至攻击林则徐说：

"这哪里是战争，简直是野蛮的暗杀！"

（四）

6月28日，又有5艘英国军舰开抵澳门港外。至此，英军在中国海面的兵力共有军舰16艘，载炮540门，武装汽船1艘，运输船27艘，陆海军4000余人。野蛮的侵略者本打算在封锁珠江口后破坏江面防御工事，进犯虎门要塞，同时将公文送往北京。不过，他们发现林则徐和关天培部署严密，不易对付，便改变了既定战术。

6月30日，英军留下一部继续封锁珠江口，"布朗底"号等舰船则驶离广东，前往厦门。两天后，林则徐得英军离开广东，有可能去了江浙，甚至天津，即嘱咐关天培说：

"如英夷胆敢拦阻行舟，即当示以兵威，不容滋扰。"

与此同时，林则徐还上奏道光帝，将英军开赴江浙的消息送达出去，请求道光帝咨文浙、苏、直隶等省，一体防范。

林则徐不知道，此时英军主力已经集结在福建和浙江海面。7月2日，"布朗底"号窜入厦门内港，多次放舢板小船靠岸。清军开炮抵抗，将其击退。英军恼羞成怒，发炮轰击，打死打伤清军士卒20余人，击坏民房近20间。厦门炮台奋力反击，英舰狠狈窜逃。

英军在厦门受挫，转而驶向定海。7月4日早上，4艘英舰突然驶入定海内港，水师土卒慌忙向总兵张朝发禀报。不想，张朝发竟然说：

"慌什么呢？夷船被风吹来，这是常有的事情，不要大惊小怪！"

正是由于张朝发的大意，致使英军长驱直入，登陆据关山炮台，连夜轰城。清军这才意识到，定海已成为战场，慌忙组织还击。但一切都已经晚了。战斗持续了两天，7月6日凌晨，定海失守，知县姚怀祥、典史全福在战斗中以身殉国。

英军攻陷定海后，立即大肆屠杀掠夺，城垣炮台及近城10余里之内，人民庐舍，无不残毁，几于鸡犬不留。7月6日，懿律和义律抵定海，宣布封锁宁波港口，并在定海城内设立伪政权。封锁宁波的英舰肆无忌惮地在甬江口劫夺沙船，且把抢劫范围扩大到其他沿海地区。

7月11日、16日，英舰两次直窥镇海，均被击退。由于舟山群岛各岛居民的抵制，英军定于14日在定海开市的计划也遭破产，食物和饮用水都遇到了困难。随后，懿律和义律乘船先后驶离定海北犯，留下的舰船继续对甬江口和长江口实行封锁。

7月24日，定海失陷的奏报到京，道光帝当即下令革除乌尔恭额和浙江提督祝廷彪的职务，又令邓廷桢派福建舟师赴浙会剿英军。英军攻城略地，所向披靡，大出道光帝意外，他慌忙调兵遣将，抵御侵略者。

在此之前，道光帝一直坚信，天朝水师天下无敌，肯定能把英国侵略者打得落花流水。当林则徐向他上奏九龙海战和官涌山海战的战况时，道光帝甚至有些得意忘形，并指示林则徐向侵略者"示以兵威"。

如今，英军接连获胜，道光帝又突然生起了"恐夷病"。穆彰阿、琦善等反禁烟派看到道光帝的内心起了波澜，又不失时机地造谣说：

"夷兵之来，系由禁烟而起。"

于是，道光帝对林则徐的信任发生了动摇。在派伊里布赴浙查办时，他还特别指示说：

"爱卿此去，要密行查访致寇根由。"

伊里布来到浙江，沿海督抚害怕失事受斥，也都群起攻击林则徐的"肇衅"，高唱"议和"论调。如此一来，远在广东的林则徐便陷入腹背受敌的尴尬境地。一方面，英国侵略者陈兵珠江口，随时准备进攻广州；另一方面，朝臣肆意攻击，道光帝对他的信任也发生了动摇。在这种情况下，要想打赢这场本就处于劣势的战争简直是难上加难！

第十八章　革职被黜

出门一笑莫心哀，浩荡襟怀到处开。时事难从无过立，达官非自有生来。

——（清）林则徐

（一）

8月3日，林则徐接到浙江巡抚乌尔恭额发来的咨文，这才知道定海失陷的消息。第二天，林则徐便与广东巡抚怡良一道研究定海失陷的局势。

此时，内外交困的林则徐心情十分复杂。他想到，道光帝肯定会将这次事件归咎在他头上。不过，他还是很认真地研究了定海的局势，并起草密陈恢复定海机宜的奏折。

根据广东方面的经验，林则徐建议道光帝允许并鼓励村民诛杀英军，收复定海。他认为，一旦英军登岸，中国百姓一定会"齐心协力，歼除非种"。

林则徐的观点是有一定道理的，不过此时他还不知道，定海早已成了一座空城，百姓均逃亡在外，渔民也不敢靠岸。在这种情况下，发动百姓诛杀英军就成了空谈。

随着英军攻占定海的消息传来，留在广东的英军也愈发猖獗起来。

他们肆无忌惮地抢夺民船，甚至枪杀民船水手。广东军民愤慨万分，皆欲杀之而后快。8月6日前后，沿海渔民捕获了两名印度士兵。差不多在同一天，澳门群众也指引弁兵活捉了非法潜居澳门的英国人诗丹顿，将其押往广州。

8月9日，士密获悉诗丹顿等人被捕，立即赶到澳门，叫嚷着"将要采取强硬的步骤"。英国驻华副商务监督则写信给葡澳当局，要求代为向林则徐求情，释放诗丹顿。

林则徐好不容易才捉到诗丹顿，怎么会轻易放了他？他对同僚们说：

"此次所获之英夷虽然无足轻重，但也不能释放。如果此时答应了他们的请求，岂不是等于向英夷示弱吗？不能放，不能放！"

林则徐断然拒绝了英国侵略者的无理要求。听说士密扬言要对澳门采取行动，林则徐立即添调2000名兵丁进澳门防堵增援，配备炮火，操练水勇。

林则徐在广东寸步不让，顽强地和英国侵略者对抗，而远在北京的道光帝却被吓得六神无主。他害怕战火蔓延天津，继而威胁到北京，赶紧于8月9日下令驰往天津"筹防"的直隶总督琦善：如该夷船驶至海口……不必遽行开枪开炮。"恐夷病"发作的道光帝迫切希望英军返回广东，远离大清王朝的心脏地区。

在道光帝的指示下，琦善对英军的挑衅行为采取了默认的态度。8月11日，懿律等率英舰进迫大沽口，驶近口岸投书，并要求购买食物。琦善害怕英军"藉词滋衅"，满口答应下来。

与此同时，广东方面的海战终于爆发了。早已蓄谋进犯的士密果然采取了"最强硬步骤"。8月18日，3艘英舰窜至澳门港外。当晚，中国水师师船和运兵小船奉命纷纷驶进澳门内港，准备严加防堵。

第二天中午，英军出其不意地偷袭关闸炮台，水师官兵奋起抵抗。但由于清朝水师武器低劣，"回炮多不能及"，关闸被占。随后，英军强攻新庙。在敌强我弱的情况下，清朝水师损失极大。

英军对中国水师发动攻击之时，林则徐也没闲着。同一天，他在狮子洋海面校阅了水师官兵和水勇的大规模联合演习。整整两天，他都亲自校阅，对兵勇们的高昂士气大为满意。校阅期间，林则徐还重新规定赏格，颁布了《剿夷兵勇约法七章》，详细制订战术战法，并就敌强我弱的现实提出了一种海上抗英游击战术的理论。

然而三天后，林则徐得知水师在关闸战败，不由大惊失色。他一面严词训斥关闸守军将领，一面调兵遣将，前去关闸增援。

关闸战后，英军放出谣言，某刻攻前山，某刻攻香山，甚至"欲犯虎门"，不少县、营官弁惊魂未定，纷纷求援。林则徐冷静分析局势，反对株守徒攻，主张主动出击。水师出洋，接连四日，未见敌人踪迹，"日来澳门、前山等处绝无动静"。

英军没想到林则徐会主动攻击，且对中国水师的真实实力还存有疑虑，所以不敢迎战。这在一定程度上打击了侵略者的嚣张气焰，也就是林则徐所说的"稍压夷氛"。从此以后，林则徐与敌海战的决心更为坚定。

8月31日，中国水师一部在矾石洋海面与英军遭遇。水师将领马辰、把总黄者华沉着冷静，指挥战斗。此次大战持续了很久，直到第二天才结束。

中国水师采取人海战术，数船会攻一船，给英军造成了不小的损失。英军一只火轮船和"架历"号舰被击毁，伤亡数十人。据引水回报，英军仅在磨刀山脚掩埋的尸首就有15人。

9月1日，把总黄者华从矾石洋赶到广州，向林则徐报捷。林则徐颇感欣慰，这至少说明中国水师还是有能力和英军接战的。不过，其中的差距也相当明显。中国水师"众船会攻一船，既得胜仗而未能将船夺获，殊为可惜！"

（二）

关闸海战和矾石洋海战是鸦片战争爆发后，中国水师与英军发生的两次主要战斗。两战一胜一负，损失不算大，战果亦不算大。但它雄辩地说明：中国水师尽管在定海战场完全败北，但并不是完全没有能力抵抗英军的侵略。只要指挥得当，调动广大军民的抵抗积极性，中国水师完全有能力挡住英国侵略者，捍卫祖国的尊严。当然，要想完全打败侵略者，在当时的历史条件下，也是很难的。

但林则徐无论如何也没想到，甚至连英国侵略者自己都没想到，仅仅是定海一战的失利，就使英国侵略者获得了"廉价的胜利"。

话说琦善在天津向英国侵略者委曲求全，不但满嘴答应替侵略者代为购买食物，还派大沽口守备白含章前往英舰"威里士厘"号接收懿律交付给帕麦斯顿致中国宰相书原函和汉文译本，并要求清廷即派钦差大臣赴英舰面会定议。

白含章是琦善的心腹，因此一口答应代奏朝廷议定，并于10天内送回答复。懿律见琦善等人的态度与福建、浙江所遇到的截然不同，便欣意接受琦善的请求，表示要驶离五六日，然后再回来收取复文。

白含章回到天津后，立即添油加醋地向琦善描述英国人的坚船利炮。琦善大惊失色，立即将英国公文及懿律文稿暨懿律复琦善字据一并上奏进呈。在附片中，他还根据白含章登上英舰"威里士厘"号的见闻，再一次添油加醋，向道光帝汇报说：

"英舰至大者，舱中分设三层，逐层有炮百余位……其每层前后，又各设有大炮，约重七八千斤（折合3~4千克）。"

很明显，琦善是在故意误导不谙外情的道光帝，促使其下定议和的决心。琦善这样做的原因不外乎两点：其一，怯战，不敢与英国侵略者对阵，并努力为自己的怯战心理寻找借口；其二，尽量避免自己卷入战争的漩涡，保住自己的高官厚禄。

道光帝接到琦善的奏报后，果然大为震惊。这个几乎没有走出皇城的帝王很难想象，一船有炮三四百门的"英夷"是什么样子。但有一点可以肯定，如果他们真的在天津占据码头，"天朝上国"的尊威何在？

这时，道光帝甚至有些怨恨林则徐了，谁让他禁烟"启衅"，惹出"激变"的呢！此时，伊里布查访"启衅实情"的奏章尚未送到京师，但道光帝已顾不上那么多了。

8月21日，林则徐、怡良上报续获鸦片人犯、烟土烟具实数的奏折到京，道光帝在折上大加批斥：

"外而断绝通商，并未断绝；内而查拿犯法，亦不能净，无非空言搪塞，不但终无实济，返（反）生出许多波澜，思之曷胜愤懑！看汝以何词对朕也！"

8月22日，道光帝确定了以重治林则徐换取英军退兵的交涉方针。当天，他便下旨琦善明白晓谕懿律：

"上年林则徐等查禁烟土，未能仰体大公至正之意，以致受人欺蒙，措置失当。兹所求昭雪之冤，大皇帝早有所闻，必当逐细查明，重治其罪。现已派钦差大臣驰至广东，秉公查办，定能代申冤抑。该统帅懿律等，著即返棹南返，听候办理可也。"

道光帝还表示，将来派钦差至广东查办，即派琦善前往。这表明，道光帝已经完全向英国侵略者妥协了。

在随后的两天里，道光帝连降两旨，谕令琦善：

"随机应变，上不可以失国体，下不可以开边衅……详细开导，总须折服其心，办理方为得手。"

（三）

对道光帝的训示，琦善心领神会，推行起来自然不遗余力。义律等率领部队在奉天、直隶和山东沿海抢掠了食物和淡水后，于8月27日再次齐集于大沽口外。

第二天，琦善派白含章前往英舰递送照会，请义律登岸会谈。一天后，琦善又派人送去20头牛、200只羊和许多鸡鸭，犒劳英军。义律等心里很受用，心想：

"要是中国人都像琦善这样，我们还打什么仗呢！"

8月30日，即矾石洋海战的前一天，义律等人来到大沽口南岸，与琦善、白含章在事先特设的帐篷里会谈。在会谈中，义律以开仗相威胁，逼琦善全盘接受英国提出的条款。琦善口口声声答应重治林则徐，"代申冤抑"，但因未接定约的谕旨，仅隐约其词，避免正面答复义律的要求，最后无果而散。

会后，琦善将奉命请英军南返，在广州会谈，并再次向英国侵略者保证一定"秉公查办"。懿律、义律等人不依不挠，复照琦善，坚持英国提出的各项勒索条件。

琦善根据道光帝"随机应变……设法劝说英军退兵"的旨意，于9月13日向懿律等表示：如同意南返粤东，则中国钦派大臣到粤会谈。

两天后，懿律复文琦善，同意返回广州谈判。琦善大喜，立即拟写奏折，上报道光帝。

9月17日，道光帝接到琦善关于英军南返的奏报，大喜。他在给琦善的圣旨中毫不掩饰地说：

"朕心嘉悦之至！"

同一天，道光帝派琦善为钦差大臣，赴广东查办事件，并飞谕沿海各省督抚，英船经过不必开放枪炮。

随着道光帝态度的转变，琦善等主和派已完全把持了朝政。以林则徐、邓廷桢等人为代表的主战派，自然就会受到冷落。9月18日，林则徐关于择日出洋剿办英军的奏报到京。道光帝大怒，厉声指责了林则徐。

由于京师到广东路途遥远，公文往来大概有一到数月的时间差。当道光帝斥责林则徐的圣旨从京师发出去时，林则徐对此毫不知情，仍然在一心一意地想办法对付侵略者。

9月14日夜，林则徐得知英舰"至天津递呈，琦善奏入，奉旨准其呈诉，并将公文等件进呈"，心情十分沉重，"彻夕为之不寐"，担忧时局"若以一着之差，致成满盘之错，如何维挽耶？"

允准英军"呈诉"，不准筹计制船造炮，朝廷的用心十分明显，那就是投降和议和。这让林则徐这位正直的爱国官员怎能不心寒呢？心寒归心寒，抵抗依然要进行到底。林则徐暗下决心，就算将来不得不上表辞官，也要力陈制船造炮的抗敌主张。

从9月22日起，林则徐用了两个晚上的时间写折稿。他一面自请处分，一面写了密陈夷务不能歇手的附片，大胆陈述自己的抗英主张，理直气壮地驳斥了主和派攻击他的谬论，并建议"以通夷之银量为防夷之用"，从海关收入的税银中抽出一部分来制船造炮，改变军事技术和装备远远落后于英国的状况。

写完奏折和附片后，林则徐长长地舒了口气。9月24日，奏折拜发后，林则徐仍专心一意地加强广东的防务。

林则徐或许已经意识到了自己的悲剧结局，但肯定没想到这一结局来得这么快。在他的奏折发出前四天，琦善为铺平南粤议和的通道，再次上奏道光帝，吹嘘英军船坚炮利，中国断难决胜，并千方百计诬陷林、邓二人。

9月28日，道光帝下旨遣责林则徐禁烟抗英，"内而奸民犯法，不能净尽；外而兴贩来源，并未断绝"，"办理终无实济，转致别生事端，误国病民，莫此为甚"，将林则徐、邓廷桢交部严加议处，林则徐即行来京听候部议，两广总督由琦善署理。琦善未到广东之前，两广总督之职暂由广东巡抚怡良代理。

（四）

1840年10月3日，琦善离京赴粤。同一天，道光帝以"误国病民、办理不善"的"罪名"，下旨将林则徐革职，并折回广东，邓廷桢从福建前赴广东，以备查问原委。

10月20日，给林则徐的第一道圣旨到达广州。这道圣旨是要林则徐到北京"听候部议"的。当天，林则徐就交卸总督、盐政两篆，移送怡良了。

林则徐被黜，消息传开，舆论一片哗然。广东的爱国官兵、士绅和抗英群众都极为震惊和愤慨，但他们又毫无办法。这是至高无上的皇帝的决定，除了皇帝自己，似乎谁也改变不了。

林则徐怀着沉重的心情，开始整理书籍和行装，准备于10月26日北上。广州的爱国官兵、士绅和百姓纷纷赶来送行。人们共赶制了52块颂牌，上书"民沾其惠，夷畏其威""勋留东粤，泽遍南天""烟销瘴海""德敷五岭"等赞词。

10月25日，道光帝的第二道圣旨到达广州。这道圣旨是10月3日发出的，即令林则徐折回广东的那一道。林则徐无奈，只好临时改变行程，连夜寻觅寓所。

从这天起，林则徐在广州城过了一个多月"羁滞羊城，听候查问"的生活。当然，林则徐并无束手待"罪"之意。他虽然已卸任两广总督，但仍然密切注视着海上的行动，并不时向代理两广总督怡良提供建议，希望怡良在议和的气氛中，仍然能维持广东的抗战局面。

暂行代理两广总督的怡良心情也很郁闷，因为他要处理的第一件公事便是奉旨撤兵。打了几个月，好不容易才打出来现在的这样局势，皇帝一道圣旨，就得乖乖撤兵，前功尽弃。怡良整整考虑了10天，最后才草出复奏折稿，但仍空着撤兵数字。

11月初，懿律等人率领舰队沿海岸线南下，终于来到广东海面。这里为什么用"终于"这个词呢？因为，道光帝虽然下令沿海各省督抚不准开枪放炮，但百姓和海盗可不管那套。浙江人民纷纷自发起来，与占领定海的英军展开了英勇的斗争。从10月中旬开始，一直到11月初，浙江沿海渔民多次向英军发动进攻，活捉英军20余人。

义律亲自到镇海索要俘虏，主持浙江事务的钦差大臣伊里布和琦善同乞相求，表示愿意以礼相待英俘。11月6日，伊里布与义律达成浙江停战协定，英军起程南返广东。这样一来，广东局势更加危急了。

英舰"窝拉疑"号一到广东便开始大肆劫掠。仅仅几天，就有8艘中国盐船和一艘水师米艇被掳劫。

11月20日，懿律返抵澳门海面。第二天，他便派"女王"号前往虎门递送咨文，并通知说英方的谈判代表已到粤。沙角炮台守军忍无可忍，愤然开炮轰击。这件事在广州军民中引起了极大的反响，百姓们无不摩拳擦掌，希望再战。

就连怡良都气愤不已，下令说：

"彼若果来犯，仍须开炮！"

澳门的报纸也纷纷报道说，清廷并无议和之心，琦善之来，不过是拖延之计，"非用武不能了事"。

林则徐敏感地意识到，这种言论对抵抗派是极其不利的。万一英国侵略者听信传言，率先发动攻击，而中国水师严守道光帝"不准开放枪炮"的命令，后果将不堪设想。因此，他建议怡良，令各路官兵加意严防，但不先下手。

林则徐的判断没错。此时，懿律正带领英舰陈阵于穿鼻洋上，妄图以沙角炮台轰击送信船为借口，进行武装挑衅，叫嚷要攻打虎门，追究轰击"女王"号事件。

第十九章　山河含恨

　　浮槎漫许陪霓节，看潋波，似镜长圆，更应传，绝岛重洋，取次回舻。

——（清）林则徐

（一）

　　1840年11月29日，琦善进入广州城。一到广州，他就提醒水师官兵不要轻举妄动，以防破坏议和气氛，然后一边派人前往"登舟服礼"，一边又亲自起草文稿，向英军声明"擅先开炮，原由兵丁错误"。

　　琦善的这一举动无疑给爱国官兵当头泼了冷水。在短短一个月时间里，广东的政治氛围一波三折，先是从群情激昂降到冰点，又从冰点降到零下。这一切，让林则徐这位主战派官员都极为不满，但也只能忍着。

　　英国侵略者和琦善的谈判进行了一月有余，双方争议不断，始终未能达成一致意见。当然，这主要是由于英国侵略者欺人太甚，提出的要求太过无理，连琦善这样的"议和派"都无法接受。

　　侵略者提出的条款共14项，其中包括讨还"烟价""兵费""引欠"，割地一处，开放口岸六处等。义律甚至威胁：

　　"如有一条不从，即攻打虎门、香山等处。"

割地赔款，这是大清王朝建立以来遇到的头一遭，琦善可没这个胆量拍板！国人素来重视祖宗基业，谁愿意好端端地把祖宗基业拱手让给外国人呢？

1841年（道光二十一年）1月5日，义律对琦善推托大为不满，立即照会，宣布"相战之后""再商讲和"。英军总司令伯麦也同时下了战书，并限于7日前作出答复。

琦善顿时慌了手脚，不知该如何应付。1月7日上午8点，义律、伯麦对虎门发起了猛烈进攻。英军兵分三路，袭击虎门第一户——沙角和大角炮台。

上午8点半，英军陆战队从鼻湾蜂拥而上，英舰向大角、沙角炮台猛烈炮轰。攻破大角后，他们又合力猛攻沙角炮台。清兵终因寡不敌众和武器陈旧，抵挡不住英军攻势，被迫登上山顶，占据后山。守台官兵大批阵亡，守备陈连升身先士卒，慷慨捐躯，其子陈长鹏惨遭破腹，含恨阵亡。经过近一天的血战，沙角炮台最后还是被英国侵略者占领了。

第二天，义律、伯麦提出退兵条件五款，并要求"寄寓"沙角等。1月9日，英军围困虎门镇远、威远、清远等炮台。义律又派人送来口信：打平炮台，即赴省城，再与琦善商议。

琦善慌了手脚，立即表示可以考虑英国人的要求。1月11日，琦善答应"给口外外洋寄居一所"，更换沙角，其余悉照原议，另行说定。

义律当即回文，提出外洋"寄居"地点为尖沙咀、红坎（即香港）等处。

1月13日，琦善要求义律在缴还定海后始恢复广州通商。

1月14日，义律同意通知定海英军撤兵，退还沙角、大角二地，换取琦善将尖沙咀、香港等处"让给英国主治，为寄居贸易之所"。

1月15日，琦善表示除尖沙咀、香港两处"止择一处地方寄寓泊船"外，一切照办。

1月16日，义律答应放弃尖沙咀，"以香港一岛接收"，并提议将历次议妥条款，"汇写盟约一纸，以俾两国和好永久"。

这就是历史上著名的《穿鼻草约》。应指出的是，《穿鼻草约》是中英国代表私拟的一份议和草约，双方并未签字，不具法律效力。

（二）

1月21日，义律单方面公布了《穿鼻草约》。《草约》的内容包括如下各款：

一、香港本岛及其港口割让与英王。大清帝国对于香港商业应征收的一切正当捐税，按在黄埔贸易例缴纳。

二、赔偿英国政府600万元，其中100万元立刻支付，其余按年平均支付，至1846。

三、两国正式交往应基于平等地位。

四、广州海口贸易应在中国新年后十日内开放，并应在黄埔进行，直至新居留地方面安排妥当时为止。

同一天，琦善向道光帝汇报了和谈情形，以英国答应交还沙角、大角、定海，代义律奏请"俯准"，他们自1841年起仍来粤通商，"并仿照西洋夷人在澳门寄居之例，准其就粤东外洋之香港地方泊舟寄居"。

义律在公布《穿鼻草约》后，英方在香港张贴告示，声称香港已属英国所有，结果遭到香港绅民百姓一致反对。广州爱国士绅也向官府呼吁：

"伪示横悖已甚，宜加痛剿。"

这时，一些倾向于抵抗派的官员也纷纷呈递奏折，要求罢免琦善，重新起用林则徐、邓廷桢，坚持进行抗英斗争。

在这种情况下，道光帝不敢强行承认《穿鼻草约》，只好下令再战。1月21日清晨，即义律单方面公布《穿鼻草约》的那一天，琦善被人从甜蜜的梦境中唤醒，跪接一道皇上严厉批斥议和的谕旨。

道光帝的这道圣旨是这样写的：

"逆夷要求过甚，情形桀骜，既非情理可谕，即当大申挞伐。所请厦门、福州两处通商及给还烟价银两，均不准行。递夷再或投递字帖，亦不准收受，并不准遣人再向该夷理谕。现已飞调湖南、四川、贵州兵4000名驰赴广东，听候调度。著琦善督同林则徐、邓廷桢妥为办理，如奋勉出力，即行据实具奏。并著琦善整饬兵威，严申纪律，倘逆夷驶近口岸，即行相机剿办。朕志已定，断无游移！"

道光帝突然又倾向主战，削职听候发落的林则徐、邓廷桢均被请出来"协办夷务"，这让琦善心情很不爽。不过，琦善到底是琦善，他很快就调整好自己的心态，去请林则徐、邓廷桢出来会商。

接到圣旨后的林则徐悲喜交集，百感丛生，喜的是终于再次有了报效国家的机会，悲的是两年来苦心经营的抗英设施全部被琦善破坏了。同时，他又担心琦善当道，自己虽有"协办"之名，却无上奏之权，"倘以阻挠军情密劾，又安敢尝试乎？"

1月22日是旧历除夕，林则徐看着一桌子酒菜，一点胃口都没有。他想的是，新的一年该如何应对步步紧逼的侵略者和反复无常的道光帝？

1月27日，琦善和义律仍然私下密商"善定事宜"条款，同意割让香港，进行卖国活动。四天后，琦善又酌定善后章程四条，送交义律。

1841年2月1日，义律和伯麦在香港赤柱贴出告示：

"香港等处居民，现系归属大英国主之子民……"

（三）

英国侵略者的告示一出，广东舆论一片哗然，父老们纷纷出来指责琦善，坚决要求痛剿英国侵略军，收复香港。

广东巡抚怡良也在林则徐的协助下，上奏揭露琦善擅自出卖香港的罪行。道光帝闻讯大怒，立即下旨将琦善交吏部严加议处，并命令他统辖广东官兵，先行分布要隘，按段拒守，待大兵到粤，"奋力剿除，以图补救"。

至此，琦善仍然错误地以为，道光帝可能是抵不住主战派的压力，才不得不做做样子，其实内心还是主张议和的。于是，琦善仍与义律讨论签约事宜，准备20日前正式签字。

琦善错了。道光帝这次动真格的了。2月13日，琦善接到道光帝任命奕山为靖逆将军，赴粤主持战事的谕旨，才感到势头不妙，有所收敛。2月15日，琦善慌忙将未签字盖用关防的条约文本退还给义律。

林则徐得知这一消息后，精神大振，立即担起"协办夷务"的责任，筹划防守。但是，16日折差带回的谕旨却让林则徐大失所望。道光帝一面称"昨复派奕山、隆文、杨芳带兵赴粤剿办，势难中止"，一面又同意琦善"设法羁縻"，称"该大臣冒重罪之名，委曲从权，朕已鉴此苦衷"。

所谓"羁縻"，就是设法拖延，等待援兵。此时，四川、贵州、湖南、湖北、江西、广西、云南各路军队1.7万人正陆续开赴广州。

林则徐心里万分焦急，万一英国侵略者在援军未到之际发动战争，广东方面该如何应付？很明显，在"羁縻"的政策下，只能束手待毙！

林则徐的判断没错。此时，英军正在澳门海面紧急集结，义律已决定发动战争，迫使琦善在《善定事宜章程》上签字。琦善不得不派刚到达的贵州兵1000名、湖南兵900名，会同粤省兵700名，装出抵抗的姿态。

然而，一切都太晚了！2月25日，18艘英舰顺利突入虎门，首先把横档、永安两炮台守军团团围住。清朝水师纵然有再多的援军也无法突入包围圈，前去增援。

第二天日拂晓，英舰向虎门各炮台发起总攻。中午，横档、永安两炮台遂告失守。接着，英舰又集中火力，攻击靖远炮台及两侧的镇远、威远炮台。下午2点，守军阵亡大半，英军乘势登岸，直扑炮台。在激战中，广东水师提督关天培不幸以身殉职。靖远、镇远、威远失陷后，大、小虎山守军不战而退。虎门保卫战悲壮地失败了。

2月27日，虎门失陷，关天培等壮烈殉国的噩耗传来，林则徐悲痛欲绝。他挥泪含痛为关天培撰写了一帧挽联：

> 六载固金汤，问何人忽坏长城，孤注空教躬尽瘁；
> 双忠同坎壈，闻异类亦钦伟节，归魂相送面如生。

英军攻破虎门，溯珠江而入，并于27日上午直攻乌涌卡座，轻易地摧毁了乌涌土炮台。琦善束手无策，英军步步深入。

3月1日，英军又攻占了广州炮台，广州垂危。3日，琦善急令余保纯赶到黄埔求和，竟同意义律提出的、比《善定事宜章程》还要苛刻的《退兵条款》。义律喜出望外，答应停止进攻三天，等待琦善在卖国契约上盖用钦差大臣关防。

林则徐坚决反对琦善的乞和行径，决定出资自雇壮勇出来应敌。据史料记载，林则徐广散家财，共招募壮勇560人。广州爱国士绅、商人等，也纷纷捐资雇勇。

就在林则徐积极捐资雇勇，组织民众保卫广州的时候，道光帝派来的参赞大臣杨芳于3月5日驰至广州，义律和琦善秘密达成的《退兵条款》因不能如期盖用公印而失败。

3月12日，道光帝接到怡良揭发琦善割让香港的密奏，决定将琦善革职锁拿，押解来京，严行讯问，所有家产查抄入官。3月13日，琦善及鲍鹏等卖国贼在副都统英隆的押解下，离开了广州。

参赞大臣杨芳是一位久历沙场的宿将，颇有战斗经验。道光帝特调老将出征，自然是对他寄予了很大的期望。林则徐也盼望着杨芳能够扭转局势，赶走侵略者。

然而，林则徐再次失望了。杨芳"内战内行，外战外行"，不但没有解除广州的危局，反而使得局势更加复杂。3月14日，英军进犯香山县，炮轰县城。两天后，义律决定摧毁广州城外一切工事，进击广州。

3月18日下午4点，英军登陆占领商馆。次日，义律等提出恢复通商为休战条件，杨芳等决定接受。3月21日，英舰陆续退出广州。休战后，义律通过恢复贸易大捞便宜。

在休战后的半个月中，林则徐沉默了，他的情绪也低落到了极点。这主要有两个原因：其一，他身在广州，手中却无权，无法调动大军抵抗英国侵略者，心中忧闷；其二，他的家室均不在广州，在忧虑中非常想念家人。据说，他连做梦都梦到自己返乡的情景。

第二十章　远戍边疆

为官首要心身正，盖世功勋有口碑。

——（清）林则徐

（一）

4月10日，靖逆将军奕山、参赞大臣隆文等人来到广州前线。林则徐的心中突然又燃起了熊熊烈火，因为他同时还接到了奕山的来信，约他面商大计。

林则徐殚精竭虑，根据自己在广东两年多的抗战经验写了一份长达2000余字的防御粤省计划。然而，他胸中刚刚燃起的烈火一见到奕山就被浇灭了。奕山不但没有采纳林则徐的建议，反而对皇帝奏说：

"防民甚于防寇！"

结果，道光帝的这位皇侄对内不敢组织民众，对外不作调查了解，整天待在房间里空想，如何才能打败英国侵略者？

林则徐彻底绝望了。就在这时，一场感冒袭来，林则徐也就懒得出门了。一连数日，他都闷在家中，忧虑重重地思考着祖国和自己的未来。

5月1日，林则徐接到道光帝的圣旨，要其离开广州，前去浙江听后谕旨。浙江也是抵抗英国侵略者的前线，林则徐再一次来了精神，立即"伏地叩头，恭谢天恩"。

两天后，林则徐离开广州，赶赴浙江前线。在林则徐出发的同一天，道光帝又下旨令伊里布来京候旨，两江总督由裕谦接任。裕谦曾与林则徐共事多年，过从往来，引为知交。不过，他当时并不知道林则徐正在赶往浙江。

6月7日，林则徐来到浙江肖山县义桥坝。直到此时，林则徐才知道裕谦已于半月前由镇海回苏接两江总督新任，而刘韵珂则从杭州至镇海驻节。省里已没有可以代奏之人，于是他临时作出决定，眷属继续前进，在杭暂住，自己则取道径往镇海军营。

抵达镇海后，林则徐又立即会同刘韵珂等人到前线视察，查看新旧炮台、督造新炮、添筑防御工事等。

林则徐离开广州不久，广州城就沦陷了。5月27日，广州知府余保纯和义律缔结了卖国的停战协定《广州和约》。和约规定：奕山等所率外省军队退出广州城60里（折合30千米）以外；7日内交出600万银元供英方使用；款项付清后，英军撤回虎门以外，并交还横档及江中所有其他各要塞；赔偿英国商馆和西班牙帆船"米巴音奴"号的损失。

奕山不敢如实向朝廷奏报这份和约，只是谎称英国人"向城作礼，乞还商欠"，结果得到道光皇帝"准令通商"的批谕。但英国在勒索到巨款后，旋即撕毁和约，扩大了侵略战争。

6月17日，林则徐接到怡良的来信，才知广州失陷之事。但他怎么也没想到，这次战役的结果对他的前途和命运产生了重大影响。

6月30日，林则徐接到裕谦来信，信中录寄一道"廷寄"，宣布了道光帝本月15日的命令。这道谕令清楚地表明，道光帝虽然在抵抗派的要求下将林则徐派到浙江，但仍无意重新起用他。

6月28日，"恐夷病"再次发作的道光帝将广东军务松弛诿过于林则徐和邓廷桢，下旨将他们流放伊犁。他在圣旨中说：

"……前任两广总督林则徐，经朕特给钦差大臣关防，办理广东事件，继复令其实授总督，全省军务，皆其统辖。既知兵丁染习甚深，便

157

应多方训导，勤加练习，其于夷务亦当德威并用，控驭得宜，乃办理殊未妥协，深负委任。邓廷桢业经革职，林则徐著革去四品卿衔，均从重发往伊犁，效力赎罪。即由各该处起解，以为废弛营务者戒。"

7月13日清晨，裕谦刚刚从江苏赶回镇海，准备布置防剿事宜。林则徐对老朋友的到来极为兴奋，与裕谦放怀痛叙衷肠。就在这天下午，道光帝将林则徐流放伊犁的谕旨送达镇海军营。

裕谦被这突如其来的悲讯怔往了，他为老朋友的境遇痛感惋惜和同情，为自己"失谋主"而心怀惆怅。傍晚时分，林则徐从刘韵珂处得知这一消息，感觉一下子从云端掉进了深渊。

（二）

1841年7月14日，即接到流放伊犁旨意的第二天，林则徐就踏上了赴戍之旅。三天后，林则徐抵达杭州。时值盛夏，酷热难耐，年届60岁的林则徐身体已经发福，稍稍一动便浑身是汗。他决定在杭州稍事停留，等到伏尽，再启程赴戍。

在杭州的一个月里，林则徐多次与老战友邓廷桢通信。他们都是坚定的禁烟派和主战派，也曾并肩战斗过，如今又都被流放伊犁，真可谓同病相怜！两人互相约定，守候秦中，同行出关。

盛夏刚过，林则徐就带着家眷从杭州动身，拟由江苏、河南经西安，西行出关。途经京口时，林则徐偶遇老友魏源。

这对情投意合的老友把酒对酌，叙旧情，畅未来，谈国事，聊私情，直到东方发白才恋恋不舍地分别。

魏源对老朋友壮志未酬、无端被贬的遭遇感到无比愤慨，在著名的《寰海》组诗中，他愤然写道：

谁奏中宵秘密章，不成荣虢不汪黄。

已闻狐鼠凭城社，安望鲸鲵戮场疆！

孰使卉皮轻节钺，只因薏苡似珠琪。

不诛夏览惩贪师，枉罢朱纨谢岛夷。

　　这首诗强烈谴责了投降派对琦善、奕山等人对林则徐的栽赃陷害，并对林则徐寄予了深切的同情。

　　这年盛夏，黄河流域普降大雨，黄河泛滥。8月2日，滔滔河水冲开了开封府城西北5千米南厅祥符汛三十一堡的堤防。滔滔洪水，一泻千里，开封府护城堤被冲溃。水发的第八天，城墙坍塌，动逾数十丈，"城中万户皆哭声"。消息传到京师，道光帝震惊不已。

　　道光帝遍观朝中大臣，除了已在流放途中的林则徐之外，再也没人能胜任治河重任了。于是，8月19日，道光帝下了一道圣旨，令林则徐从遣戍途中折回，前往开封祥符工地督办河工。接到圣旨时，林则徐已经到了扬州。

　　林则徐感觉自己又有了用处，心潮澎湃，立即赶往开封。新任东河河道总督王鼎没有治水经验，急需林则徐前来相助。林则徐刚到开封，便一脸风尘地来到工地，朝夕不离。

　　可是，林则徐毕竟是一位快60岁的老人了，再加上旅途劳顿，哪里受得了此等折腾？不久，他就身感不适，病倒了，但依然勉强支撑着襄办河工。

　　林则徐在开封待了半年多的时间，在此期间，东南沿海已经打成了一锅粥。中国水师虽然奋起抵抗，但终因实力悬殊而败下阵来，厦门、定海、镇海、宁波连连失陷。闽、浙沿海的失事，故人、僚属的阵亡，令林则徐悲痛欲绝。他多么希望自己能够重返抗英前线啊！但这一切只能是空想罢了。

　　祥符河工邻近尾声之时，王鼎上书道光帝，历陈林则徐治河之功，

159

希望道光帝能按以往的惯例论功行赏，重新起用林则徐，最少也可将功折"罪"，让林则徐免遭流放之苦。

然而，早已倒向主和派阵营的道光帝根本不理会王鼎的奏荐。在庆贺祥符堵口河工告成的宴会上，王鼎请林则徐居首座，一起放怀痛饮。

就在这时，道光帝的圣旨到了。王鼎、林则徐等不敢怠慢，立即面北而跪，口称万岁，迎接圣旨。使者宣旨：

"林则徐于合龙后，着仍往伊犁！"

林则徐口称万岁，接过圣旨，叩首道：

"罪臣林则徐谢主隆恩！"

王鼎和一帮正直的官吏见状，无不老泪纵横，为林则徐的遭遇感到不平。

几天后，林则徐便从祥符工地起程，前往洛阳，随后往西安而去。

林则徐抵达西安时已经是1842年（道光二十二年）的5月中旬了。由于旅途劳顿，再加上在祥符工地操劳过度，一到西安，林则徐就染上了时疾，卧病在床。这一病就是两个多月，多亏家人悉心照顾，他才从鬼门关逃出来。

病愈后，林则徐将家人安排在西安，准备独自赴戍。8月11日，林则徐告别妻子、家人，取道兰州，赶往伊犁。一路上，江南战败的消息不断传来，林则徐除了震惊，还是震惊！

9月3日，林则徐经长途跋涉来到兰州。当地官员热情慰留，他决定在兰州休息数日。在此期间，他得知朝廷已在南京议和，英国侵略者的军事行动暂时停止了。不过，他不知道的是，清廷已屈膝投降，与英国侵略者签订了丧权辱国的《南京条约》。《南京条约》也是中国近代史上与西方列强签订的第一个不平等条约。从此之后，中国迅速沦为半封建半殖民地国家，开始了长达百年的屈辱史。

（三）

离开兰州后，林则徐车马劳顿，历尽艰辛，终于在当年的12月10日走完了悲凉的赴戍途程，来到祖国西陲的伊犁惠远城。从1841年7月14日离开镇海赴戍算起，他这一路一共走了整整一年零五个月的时间。扣除折回东河效力、病痁留西安等曲折的情节不计，仅从西安出发到达伊犁一段戍程，就走了四个月零三天，其中的艰辛与苦楚可想而知。

林则徐在新疆待了整整三年的时间。在此期间，他协助伊犁将军兴办军务，勘察土地，对祖国西部边陲的开发做出了积极的贡献。

1845年（道光二十五年）10月29日，道光帝为缓和投降派和主战派的矛盾，同意释放林则徐，命其回京以四五品京堂候补。两个月后，林则徐结束了周勘新疆屯田事务，从哈密启程返京。入嘉峪关之前，他在途中又接到道光帝的圣旨，令他不必来京，以三品顶戴先行署理陕甘总督。

1846年（道光二十六年）4月15日，自伊犁放归后任陕西巡抚的邓廷桢病死于西安住所，这对同样疾病缠身的林则徐来说是个沉重的打击。他不愿再在官场浮沉，只想着告老还乡，与家人共享天伦之乐。

但道光帝没有给他这个机会。4月25日，道光帝令林则徐为陕西巡抚。林则徐再一次忠顺地服从了道光帝的命令，他在日记中写道：

"乞骸之说，一时尚不敢言。"

此时，大清王朝已日薄西山，岌岌可危。作为封建统治的忠实维护者，林则徐努力化解日益激化的社会矛盾，但收效甚微。

第二年5月14日，林则徐又接到调任云贵总督的命令。1847年（道光二十七年）7月31日，林则徐在昆明就任云贵总督。28年前，林则徐曾在这里充任云南乡试正考官，晚年又旧地重游，不胜感慨。28年前，大清王朝还是"承平盛世"，到处都是一片祥和的景象，但如今却已是烽烟遍地，残破凋零了！

远在西南边陲的云贵地区也不例外。当时，西南地区反清斗争此起彼伏，林则徐的主要职责就是指挥部队镇压农民起义。到任仅仅半年，他便镇压了数十起农民起义斗争，先后处死或惩治的农民达1000余人。

就维护封建统治的角度来说，林则徐此次功劳不小，深受道光帝的赏识。1848年（道光二十八年）底，道光帝以林则徐著有"劳绩"，加以"太子太保"的头衔，并赏戴花翎。不过，林则徐已经意识到，农民起义之火已无法扑灭，镇压也只是能暂时保住大清皇帝的宝座而已。

在云贵总督任上，郑夫人病逝，林则徐也旧疾不时举发，头目眩晕，萎顿异常。1849年（道光二十九年）7月，林则徐上奏请假医治。8月，他又以病情加剧，奏请开缺回乡调治。10月12日，林则徐接旨卸任。几天后，他便在长子林汝舟的陪侍下，带着郑夫人的棺柩，离开昆明，取道镇远、长沙，从水路向福州进发。

1850年（道光三十年）4月14日，林则徐返回了阔别多年的故乡。此时，福州已被清廷辟为五口通商的口岸之一。在封建统治者和侵略者的双重压榨下，原本富庶的福州已经变得满目疮痍。林则徐回来不久，就曾十分沉痛地说：

"家乡江河日下，人人穷不聊生，原其所由，大约有三大害：洋烟也，花会也，举商而继以捐资也。"

林则徐在福州家居的这一年，中国的政治形势也发生了重大的变革。战后遍布全国各地的农民反抗斗争，正酝酿着一场反帝反封建的伟大革命风暴。而清朝统治集团也因1850年2月25日道光帝的病死而发生了微妙的变动。新即位的咸丰帝以"中兴之主"的面目出现，全力对付烽烟四起的农民起义，并多次下诏求贤。

1850年5月，大学士潘世恩等先后推荐林则徐。咸丰帝一反道光帝在鸦片战争后拒不引见的横蛮态度，于6月12日下旨宣召林则徐速来京听候简用。但早已厌倦了官场上尔虞我诈的林则徐以疝气未痊为由，力加婉辞。

10月17日，朝中大臣又奏请林则徐为钦差大臣，赴桂林镇压天地会起义。咸丰帝大喜，当天就下旨，派林则徐为钦差大臣，经自福州起程，驰驿迅赴广西，"荡平群丑（这是封建统治者对起义农民的蔑称），绥靖严疆"。

作为封建统治集团的一份子，林则徐最终还是欣然接受了这一使命。在他看来，这与当年赴粤禁烟是同等重要的大事，目的都是解除大清王朝的忧患。唯一不同的是，禁烟是解除外患，镇压农民起义是解除内忧。

11月5日，林则徐从福州出发，直赴广西。11月16日，林则徐到达广东潮州，"忽患重病，吐泻不止"，而广西告急军报又纷沓而至，他又以"军务孔丞，力虽疲乏，不敢稍休"，挣扎起程。

但还没走出多远，林则徐就因病情加重而滞留在普宁县城。11月22日，林则徐的生命结束于普宁行馆。临死之前，林则徐感慨地说：

"未效一矢之劳，实切九原之憾。"

一代英豪林则徐，就这样遗憾地走完了他辉煌而又曲折的一生。他的名字和禁烟抗英的光辉业绩，将永远铭刻在中华民族的历史丰碑上，永不磨灭！

林则徐生平大事年表

1785年（乾隆五十年） 8月30日，林则徐出生于福州左营司巷林氏北院后祖室。父亲林宾日，嘉庆侯官岁贡生，是一个以教读为生的下层封建知识分子；母亲陈帙，闽县岁贡生陈圣灵之第五女。

1788年（乾隆五十三年） 在父亲的带领下，进入私塾，开始读书识字。

1796年（嘉庆元年） 岁试充佾生。弟霈霖（又名元抡，字雨人）出生。父亲在文笔书院执教。家贫，入不敷出，母亲和姐妹从事剪裁象生花等手工艺劳动，贴补家用。

1799年（嘉庆二年） 应府试获第一。

1798年（嘉庆三年） 参加县试，考中秀才，就学鳌峰书院。与本城朱紫坊名儒、前河南永城知县郑大谟的长女郑淑卿订婚。

1803年（嘉庆八年） 仍在鳌峰书院攻读。几年中，从书院山长郑光策治学，与陈寿祺、梁章钜等人相交往，主攻经史之学。

1804年（嘉庆九年） 秋，参加乡试，中第二十九名举人。中举后，与郑淑卿结婚。

1805年（嘉庆十年） 偕郑夫人北上，赴京参加会试。落榜后，于7月离京师，12月抵福州，以"家食难给"，外出当塾师。

1806年（嘉庆十一年） 在家乡附近当塾师，曾随侍父亲参加"真率会"的活动，作《林希五文集后序》。秋，应聘赴厦门，初步了解鸦片流毒情形。

1807年（嘉庆十二年） 为福建巡抚张师诚识拔，招入幕府。12月，父亲林宾日受张师诚举荐，赴将乐县主正学书院。

1808年（嘉庆十三年）　在张师诚幕府。11月，离福州北上，第二次上京会试。

1809年（嘉庆十四年）　在京会试失败，返回福州，仍入张师诚幕府。后随张师诚移驻厦门，参与镇压蔡牵起义，负责起草文移。

1810年（嘉庆十五年）　仍在张师诚幕府，曾与友人清理宋代抗金名臣李纲的墓址。11月，张师诚入觐，林则徐随行，准备第三次参加会试。

1811年（嘉庆十六年）　参加会试，赐进士出身，选翰林院庶吉士，派习清书。10月下旬，请假回乡。

1812年（嘉庆十七年）　11月，携家眷自福州北上。

1813年（嘉庆十八年）　6月抵达京师，寓莆阳馆。9月，代张师诚勘定《御制全史诗疏》。12月，移居粉坊琉璃街。

1814年（嘉庆十九年）　长子林汝舟诞生。5月，授翰林院编修。8月，充国史馆协修，移寓虎坊之东，从此更加关心经世之学，并开始注意探求畿辅水利问题，酝酿写作《北直水利书》。

1815年（嘉庆二十年）　次子林秋柏诞生，三日即殇。4月，充撰文官。10月，派潘书房行走。

1816年（嘉庆二十一年）　长女林尘谭诞生。8月，出京赴南昌，充江西乡试副考官。12月回京复命，改派清秘堂办事。

1817年（嘉庆二十二年）　保送御史，引见记名。

1819年（嘉庆二十四年）　4月，充会试同考官，分校礼闱第十二房，得士状元陈沆等十三人。6月，奉命出京赴滇，充云南乡试正考官。

1820年（嘉庆二十五年）　8月，嘉庆帝死，次子旻宁继位，是为道光帝。在杭嘉湖道任上，注意农田水利，勘察海塘，兴筑新塘；讯朱丙章，镇压湖州府属农民抗粮斗争。年底，赴严州勘城。

1821年（道光元年）　8月，以闻父病，挂印离任回闽，月底抵达福州。秋冬间，作《林宗文义塾记》。

1822年（道光二年）　7月到达杭州，暂委监试文闱。10月，在闱中得旨放江南淮海道，未即赴任。浙江巡抚帅承瀛兼理盐政，留署浙江盐运使。

1823年（道光三年）　2月，至清江任淮海道，中旬，升任江苏按察使。3月，接任江苏按察使。在任期间，处理积案，密访严拿开设鸦片烟馆罪犯；处理灾区善后，倡捐劝济，免关税招徕川、湖米客，平抑米价；亲赴松江处理饥民闹事，得为首者置之法，余皆开释，民颂之为"林青天"。11月，奉命上京述职。

1824年（道光四年）　1月，抵苏接署江苏布政使，到任后积极处理灾赈。9月，卸江苏按察使任，准备前往履勘，专办水利。24日，得母死之讣，回乡丁忧。

1825年（道光五年）　3月，奉旨赴清江浦督催河工。

1826年（道光六年）　6月，奉旨以三品卿署两淮盐政，以疾辞，未行。

1827年（道光七年）　6月，任陕西按察使，即署布政使。9月，从西安赴略阳勘灾，兼勘移建县城事。

1828年（道光八年）　1月，赶往浙江衢州，扶父枢返乡。在籍丁忧期间，倡浚福州西湖，年底兴工。

1829年（道光九年）　在家丁忧。9月，浚福州西湖工成。11月，兴工修缮李纲祠。

1830年（道光十年）　8月，任湖北布政使。

1831年（道光十一年）　4月，接任河南布政使。8月，代苏省采买河南米麦济灾。11月，奉旨总司江北赈抚事宜，赴扬州勘灾。

1832年（道光十二年）　1月，接任东河河道总督，查验山东运河地段挑工。3月，赴河南查验黄河防治工程，初步形成改黄河由山东入海的治河方案。7月，接任江苏巡抚，即令苏松镇总兵关天培等驱逐窜至上海吴淞口外的胡夏米间谍船。10月，赴扬州勘灾，并至清江严讯桃南厅决堤要犯。

1833年（道光十三年）　4月，与陶澍会奏主张严禁鸦片、自铸银币，解决银贵钱贱问题。11月，以江苏灾荒严重，奏请缓征漕赋，遭道光帝严旨诘责。

1834年（道光十四年）　5月，与陶澍、陈銮等验收白茆河、刘河水利工程。

1835年（道光十五年）　5月，赴镇江督催漕船。12月，奉旨赴江宁接署两江总督兼两淮盐政。

1836年（道光十六年）　2~3月间，兴办苏、松等处水利工程，继续在淮北推行票盐法。6月，回任江苏巡抚。7月，赴宝山查勘海塘，并验苏、松、太等处水利河工。8月，陶澍赴安徽、江西阅兵，第二次接署两江总督兼两淮盐政，旋赴江宁。11月，由淮安府至盐城皮大河一带，访察民情政事及兴修水利事宜。

1837年（道光十七年）　2月，道光帝召见，奉旨任湖广总督。8月，至荆州督防荆江水患。

1838年（道光十八年）　2月，整顿盐务，严厉取缔私盐。8月，湖广禁烟初告成效，亲督焚毁汉阳、江夏缴获的烟枪。12月，抵京，道光帝接连召见八次，商讨禁烟方略。31日，受命为钦差大臣，节制广东水师，赴广东查办海口事件。

1839年（道光十九年）　1月，离京南下，沿途探访广东鸦片流毒情形，密令逮捕重要烟犯。3月，抵达广州，召集十三行商人宣布谕帖，命各国烟贩限期呈缴鸦片。4月，出赴虎门，查验收缴趸船烟箱。6月，亲自在虎门海滩监督销毁没收的全部外国鸦片。8月，下令断绝英船和在澳门英商的食物接济，撤其买办工人。9月，抵澳门巡视，争取澳门葡葡牙当局保持"中立"。11月，指挥兵勇坚垒固军，以守为战，连挫英国侵略者在穿鼻、官涌的武装挑衅。

1840年（道光二十年）　2月，接任两广总督。6月28日，鸦片战争正式爆发。8月，颁发《剿夷兵勇约法七章》，组织水师出洋剿办英军。9月，上奏自请处分，并历陈制炮造船主张，要求赴浙江收复定海。10月，交卸督篆。

1841年（道光二十一年）　3月，捐资招募壮勇，保卫广州。4

月，上书奕山，提出防御粤省方策六条，未被采纳。5月，奉旨离开广州，赴浙省听候谕旨。6月，抵达浙江镇海军营。7月14日，离开镇海军营，踏上遣戍伊犁途程。9月2日，在扬州仪征奉旨赴祥符河工工地"效力赎罪"。30日，抵祥符工地。

1842年（道光二十二年）　3月下旬，祥符河复，奉旨仍遣戍伊犁。8月，离西安赴戍。12月，抵达戍所伊犁惠远城。赴戍途中，写作大量诗篇，抒发爱国忧时情怀。

1844年（道光二十四年）　在伊犁戍所，协助布彦泰办理阿齐乌苏废地垦务，捐资认修龙口水渠工程，于6月兴工。

1845年（道光二十五年）　12月，在哈密奉旨释放，以四五品京堂回京候补。9日，从哈密起程入关。20日，在玉门县接旨，以三品顶戴署陕甘总督。

1846年（道光二十六年）　1月，在凉州接印，署陕甘总督，驻扎凉州，办理"番务"。

1847年（道光二十七年）　5月日，奉旨调任云贵总督。9月，赴滇东、滇南校阅十三镇协营，整顿营伍。

1848年（道光二十八年）　以办理云南"回务"有功，得旨加太子太保，并赏花翎。同时，饬令地方官府镇压了云州、缅宁、顺宁、永平、邓川州等地各族人民起义或反抗斗争。

1849年（道光二十九年）　7月，因病请假治疗。10月卸任，下旬，扶病东归，经贵州镇远，放舟入湘南。

1850年（道光三十年）　2月，道光帝死，奕詝继位，改明年为咸丰元年。6月，咸丰帝下旨宣召林则徐来京。10月，咸丰帝下旨任命林则徐为钦差大臣，驰驿前赴广西。11月，奉旨为钦差大臣，带病从福州起程，前往广西镇压天地会起义。16日至广东潮州，病情恶化，吐泻不止。22日，病逝于普宁县行馆。12月，归葬福州北郊金狮山狮山首南麓林氏墓地。